核心素养

怎么看怎么办

主 编◎崔文峰

天津出版传媒集团

天津教育出版社
TIANJIN EDUCATION PRESS

图书在版编目（CIP）数据

核心素养怎么看怎么办 / 崔文峰主编.-- 天津：
天津教育出版社，2019.1
　（卓越教师的关键能力与素养）
　ISBN 978-7-5309-8246-4

　Ⅰ.①核… Ⅱ.①崔… Ⅲ.①课堂教学－教学研究－
中小学 Ⅳ.①G632.421

中国版本图书馆 CIP 数据核字（2019）第008869号

核心素养怎么看怎么办

出 版 人	黄　沛
主　　编	崔文峰
选题策划	杨再鹏　　王俊杰
责任编辑	王剑文
装帧设计	郝亚娟

出版发行	天津出版传媒集团 天津教育出版社 天津市和平区西康路 35 号　邮政编码：300051 http://www.tjeph.com.cn
经　　销	全国新华书店
印　　刷	嘉业印刷（天津）有限公司
版　　次	2020 年 1 月第 1 版第 2 次印刷
规　　格	16 开（710 毫米×960 毫米）
字　　数	200 千字
印　　张	11
定　　价	42.00 元

前 言

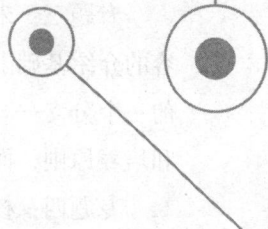

　　2016 年 9 月 13 日上午，中国学生发展核心素养研究成果发布会在北京师范大学举行。与此同时，"核心素养"一词开始正式进入教育界流行语排行榜。随之而来的就是教育相关部门的一系列培训以及一线教学变革。时隔两年，当我们提到"核心素养"一词时，仍然有为数不少的教师心存疑惑，面对关于核心素养培养的教学无所适从。那么，究竟应该如何看待核心素养？究竟应该如何在教学中实践核心素养的培养呢？

　　针对一线教师的困惑以及核心素养付诸实践两年多来出现的诸多问题，我们组织相关专家和一线教师，对核心素养的相关问题进行了系统梳理和研究，编写了《核心素养怎么看怎么办》一书，用六个专题，按由总到分、由面到点、由外到内的顺序，介绍了与核心素养相关的一系列问题。

　　专题一：核心素养——教育的未来与使命。本专题相当于一个概括介绍式的专题。在这一专题中，我们用四个小节，按"素养—核心素养—国外核心素养—中国核心素养"的顺序，采取由面到点、由外到内的方法，介绍了核心素养的由来、国内外的发展历史，尤其是发展核心素养要遵循的原则和可采用的途径。

　　专题二：核心素养培养的前提——核心基础和核心技术。本专题在对核心素养及中国发展核心素养概括介绍的前提下，落实到了操作层面，就核心素养的培养前提展开介绍，用三个小节，从核心基础的特征及内涵、核心技术及其特点入手，对二者在核心素养培养中的作用予以介绍，并明确了培养核心素养，重在落实基础，旨在提升能力。

专题三：未来社会发展的需要——学生发展核心素养。本专题在前面主干内容的介绍基础上，落到分支的介绍，用三个小节的篇幅，介绍了中国核心素养中的一个分支——学生发展核心素养，不但介绍了学生发展核心素养的内容、内涵和培养原则，而且介绍了学生发展核心素养的培养渠道、培养方法。

专题四：核心素养培养的核心——教师核心素养。本专题就核心素养培养的中坚力量——教师，提出核心素养培养的关键在于教师核心素养。这是核心素养的一个分支，是继专题三学生发展核心素养之后的进一步介绍，用三个小节的篇幅，介绍了教师素养和教师核心素养的影响，并针对提升教师的核心素养给出了建议。

专题五：学科壁垒的溶化剂——学科核心素养。本专题立足于核心素养第三个分支——学科核心素养，用三个小节的篇幅，介绍了学科核心素养及不同学科的核心素养，以及学科核心素养培养的原则与策略。

专题六：核心素养热门问题讨论。本专题搜集了在核心素养培养过程中关于学生发展核心素养、教师核心素养以及学科核心素养最为典型的问题，并给予一一解答，让前面对理论的理解落到实处，化解一线教师内心的困惑，希望起到指点迷津的作用。

作为北京师范大学历时三年的研究成果，核心素养内涵之丰富、影响之深、操作之复杂，非一本书可以介绍清楚的。但我们仍真诚地希望本书可以为一线教师培养学生的核心素养发挥积极作用。

目 录

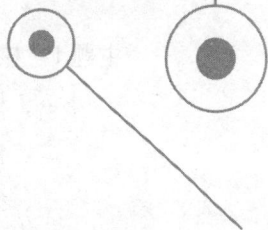

专题六　核心素养热门问题讨论

专题一

核心素养
——教育的未来与使命

核心素养的提出是在知识本位、应试本位的旋涡中确立的"生命图标"，它旗帜鲜明地将生命的感受、生命的幸福、生命的品质、生命的成长置于核心位置，使之成为教育中新的"基因"，也成为未来发展的"诺亚方舟"。

主题1　认识素养及核心素养

要理解核心素养，我们首先要理解什么是素养。素养即一个人的修养，包括一个人的思想素养、文化素养、业务素养、身心素养等。它是人在接受教育、训练和实践中获得的。个人素养的高低不但对个人的生活质量造成影响，而且对国家与社会的发展造成影响。

一、正确地理解素养

要理解素养这一概念，我们就要注意在以下前提下进行。

1. 理解素养的前提

素养是在特定情境中综合运用知识、技能和态度解决问题的高级能力和人性能力。要理解素养，关键要把握好以下几对关系。

（1）明确素养与知识的关系。

素养不是知识，知识的积累不必然带来素养的提高。但素养离不开知识，没有知识，素养就是无源之水、无本之木。如何让知识学习过程成为素养形成过程？首先要使知识成为探究的对象和使用的资源；其次应将学科知识提升为学科观念；再次应尊重学生个体在与学科知识和生活世界互动时所产生的思想或经验，即个人知识，这是发展学生素养的关键；最后要转变知识的学习方式，倡导深度学习与协作学习。

（2）清楚素养与情境的关系。

素养的形成和发展与情境存在密不可分的关系。首先，素养依赖情境，其形成与发展只能存在于智力、情感和道德的真实情境中，倘若离开真实的情境，可能有知识与技能的熟练，但断然无素养发展。其次，素养超越情境。信息时代，知识日益情境化，情境（生活与工作）日趋复杂化。唯有将知识植根于情境，才能找到知识学习的意义，促进素养发展。再次，核心素养的形成与发展需关注虚拟环境及其对教育和人的发展的影响。学校教育唯有直面这种挑战，才有助于学生核心素养的形成与发展。

（3）素养与表现的关系。

素养与表现的关系，是理解核心素养内涵的重要方面，对于核心素养的教学和评价尤其重要。首先，素养与表现存在重要区别。素养是一种将知识与技能、认知与情感、创造性与道德性融为一体的复杂心理结构。其表现是在特定情境和条件下的外部行为呈现。素养遵循的基本原则是心灵原则，表现遵循的基本原则是行为原则。其次，素养与表现具有内在联系。素养是表现的基础和源泉，可以被直接观察；表现被恰当理解和使用的时候，它可以成为判断素养发展水平的标志之一。再次，恰当的表现对素养具有开掘源泉的作用，会促进素养发展。最后，素养与表现的关系具有复杂性。素养的表现受种族、文化、习俗、语言、性别、个性、具体情境等因素的影响，因此，一种素养可能有多种表现。由于外部行为表现本身具有综合性，一个表现可能体现多种素养。

（4）素养与素质的关系。

素养和素质之间，既有区别，又有联系，这是两个相互交叉的概念。它们之间在定义和内涵上存在着区别。就定义来看，《辞海》对"素质"一词的定义有以下三个方面：一是人的生理上生来具有的特点，二是事物本来具有的性质，三是完成某种活动所必需的基本条件。《辞海》对"素养"一词的定义，则强调两点：一是修习涵养，二是平素所供养。就内涵而言，素质是人的生理上原来的特点、事物本来的性质、完成某种活动所必需的基本条件，是与生俱来的生理特征，即遗传素质，是人的能力发展的自然前提和基础。素质是一个外延很广的概念，狭义的素质指的是人的先天的解剖上的生理特点，主要是感觉器官和神经系统方面的特征，这种素质只是人的心理发展的生理条件，并可在社会实践中发育和成熟。广义的素质则指人的性格、毅力、兴趣、气质与风度等。它们之间又存在着联系。素养则是指一个人在从事某项工作时应具备的素质与修养，是指一个人在品德、知识、才能和体格等诸方面先天的条件和后天的学习与锻炼的综合结果。素质是先天的，很多素质是个人所有的，很多人是学习不来的。而素养是后天的，很多人的素养通过学习不断得到进步。但素质与素养又不是独立存在的，它们有着密不可分的关联，从始至终都在相互交织并相互作用着，以先天素质为体、后天素养为用，深刻地相互孕育、互相影响着，在体用的并存与实践中不断磨合，然后相融为一。无论是先天素质还是后天素养，均是影响人的性状、性格、价值观等形成的关键因素。就职业素质和职业素养而言，职业素质，是指劳动者对社会职业了解与适应能力的一种综合体现，其主要表现在职业兴趣、职业能力、职业个性及职业情况等方面。职业素养，则是指职业内在的规范和要求，是一个人在从事某种职业过程中表现出来的综合品质，包含职业道德、职业意识、职业态度、职业技能、职业行为、职业作风等。

（5）素养与教养的关系。

教养，就专业角度而言，它是指社会影响、家庭教育、学校教育、个人修养的结果，是教育出来的素养，一般是指文化和品德方面的修养。就此角度而言，教养属于素养的一个分支，是素养的一种表现。就日常而言，教养是指人的整体的全部素养，往小里说就是指人的道德品质。事实上，我们平常说某人是否有教养，指的就是这个人的修养和涵养。事实上，无论是从专业角度还是从日常角度来看，教养离不开教育和培养，是教育出来的素养，是在教的过程中慢慢培育出来的，这是一种内在的品格与能力。

（6）素养与修养的关系。

修养与素养之间存在区别。修养，即修炼涵养，语出唐代吕岩《忆江南》词："学道客，修养莫迟迟，光景斯须如梦里。"就其本义而言，修养指人的综合素质、道家的修身养性等，包含着涵养和培养的意思；素养大多既指修身养性方面，也指道德、学问等方面的修养。这说明，修养是修行后的表象，是对内心思想和行为进行改造后表现出来的一种状态。素养同样也是经过后天学习后表现出来的外在的行为表现及内在的本质变化，不同之处在于，这些行为表现和内心变化是经过训练和实践而获得的。修养与素养还密切相关。一个人的修养高，未必素养高；一个人的素养高，修养一定会好。这就表明，二者之间的内在联系就是包含与被包含的关系，即素养提升的同时，修养也会获得提升，素养中包含着修养。因为素养是内外兼修的表现，而知识与能力是一个人生活中外在的状态。

2. 科学地理解素养

从广义上讲，素养包括道德品质、外表形象、知识水平与能力等几个方面。在知识经济大行其道的今天，人的素养的含义大为扩展，它包括思想政治素养、文化素养、业务素养、身心素养等各个方面。哈佛大学的罗恩·理查德认为，素养是一种后天行为模式，具有主观能动性，而不是被自动激活的。素养包含各类行为，而非单一的某个行为。在特定情境发展过程中，它们是动态的、特殊的，而不是严格执行的规定行为。比主观意愿更重要的是，素养必须与必要的能力结合。素养激励、激发与引导能力的发展。为此，我们可以从以下几方面理解素养的概念。

（1）素养是后天形成的。

我们并非生来就具备某些素养（尽管我们相信能力和学习的潜能是先天的），素养是我们后天渐渐习得的。素养的形成是循环往复的模式，而不是单一的事件或技能。我们能对素养的形成加以左右，能有意识地、有意地选择有关素养的实践，而不是类似于依赖自动驾驶仪的"无脑运动"。

（2）素养是综合行为。

素养包含各类行为，而非单一的某个行为。素养表现为若干技能和行为的复杂集合。例如，熟练地聆听是一种复杂的技能。它需要注意别人在说什么，理解他人观点，询问有疑惑的地方，撇开自我观点、自我监督、轮流对话等。

（3）素养是动态而独特的。

素养是在特定情境发展过程中，动态的、特殊的，而非严格执行的规定行为。素养培育没有秘诀宝典，没有规定的流程，也没有素养行为的脚本。素养像是一幅"领域地图"，上面有数条路径把你从当前所在的地方带到想去的目的地。此外，当我们意识到领域在不断变化时，我们前行的方式也应与时俱进。

（4）素养必须与能力结合，且影响着能力的发展。

比主观意愿更重要的是，素养必须与必要的能力结合。我们不单单要有完成任务或出色表现的主观意愿，我们还必须具备这样做的能力。素养激励、激发与引导能力的发展。能力的培养意味着对行为的实时监督，并将行为与我们的目标、价值观、意愿相对应，看看是否"言行一致"。因此，素养决定了能力的发展方向，诚如当信念深入人心，人们往往更有可能践行信念一样，素养会令人在所面对的目标前踌躇满志，不断提升自己的技能，使之更加炉火纯青，从而有利于信念的倡导与传播。

3. 素养的构成与特点

明确了素养的概念，那么素养究竟由哪些因素构成？它具有怎样的特点呢？让我们一起来看一看。

（1）素养的构成。

素养作为先天遗传与后天教育等诸因素影响的产物，其本身的构成就包含着两种不同的成分。下面，我们从内外两个角度来分析素养的构成。

从外在表现来看，素养是由一个人的行为习惯与外在气质构成的。所谓行为习惯，是一个人行为方式的自动化，即天长日久形成的固定的行为模式，这是一种无须思考就会下意识地做出的行为举止。当一个人一旦形成了某种行为习惯，其行为就成为一种条件反射。行为习惯是积极（或消极）的，会带来积极（或消极）的行为，进而体现出一个人素养的好（或坏）。这种长期的行为习惯体现在一个人的身上，可以帮助他人了解其内在品质，这种表现就是我们所说的气质。于是才有了"腹有诗书气自华"的说法。直白地说，这就是一个人在受教育的过程中，对自己的精神"长相"的塑造，从而涵养自己的气质风貌。

从内在影响的角度来看，素养体现为人格类型和思维方式。所谓人格，也称个性，是一种稳定的心理品质，是一个人自我意识和自我控制能力的综合，是在先天和后天因素交互作用下形成的。当一个人的人格存在问题时，多是指其道德品质存在问题，即个人素养出现了问题。所谓思维方式，是个体思维的层次、结构和方向的综合，是一个人认识事物的定式和认识运行模式的总和。而这种思维方式是受一个人的价值观、道德观和心理素质影响的，是以行为模式和情绪反应表现出来的。因此，从这两个角度来看，素养包括了人格和思维方式。

（2）素养的特点。

由上述素养的结构来看，素养的形成是一个人先天因素和其所受后天教育综合的"养育"结果，这就决定了在其身上知识、能力占有较大的成分。简言之，素养是知识与能力转化而成的，也是知识和能力转化的基础。这就决定了素养有以下特点。

首先，素养具有自然性。所谓自然性，是指素养是知识与能力的内化，进而与一个人的情意、精神乃至整个生命融为一体，成为一个人的行为习惯、气质和性格，因此素养的外在表现是自然的，是一种下意识的举动。

其次，素养具有包容性和综合性。所谓包容性，是指素养包含着能力与知识。所谓综合性，是指知识在被个体吸收后，经过实践和应用，才能成为能力，而能力的表现是一种综合的过程，也就是我们所说的人与人之间存在能力的大与小之分，能力存在着不同类型之分。由此决定了素养的综合性。

最后，素养具有广泛性和稳定性。素养包容个体的整个生命，不但包含着其所具备的知识与能力，还包括由此形成的气质和性格，它是在个体成长过程中形成的，同时也对个体的成长和发展起着重要的作用。因此素养具有广泛性。素养一旦形成，就会表现出经常性、一贯性，正如素养的外在表现为某种行为习惯一样，因此当一个人形成了某种素养，就会在特定的情况下做出习惯性的行为，这体现了素养的稳定性。

4.素养的重要性

由素养的结构和特性可知，素养是一种构念，也是一种根据学理建构的理论构念。它是一个人为了发展成为健全的个体，必须借助于教育而学习获得因应社会复杂生活需求所不可欠缺的知识、能力与态度，特别是个人经过学校教育课程设计而学习获得的"优质教养"的综合状态。因此，它与人的关系最密切，是一个人内心最深层的东西。下图展示了素养与知识、能力之间的关系，它表明，素养包含着知识与能力，是立德树人最主要的方面，是一个人的知识与能力和情感、态度与价值观等多方面的综合表现，是一个人适应社会发展和自我终身发展的所必需的。

知识

能力

素养

1. 素养与人的关系最密切
2. 知识与能力是一个人最基础的展示
3. 素养则是人内心最深层的东西
4. 素养包含着知识与能力,有知识和能力,却并不代表着有素养
5. 素养是立德树人最主要的举措
6. 素养是一个人知识与能力和情感、态度与价值观等多方面要求的综合表现
7. 素养是一个人适应社会发展和终身发展所必需的。

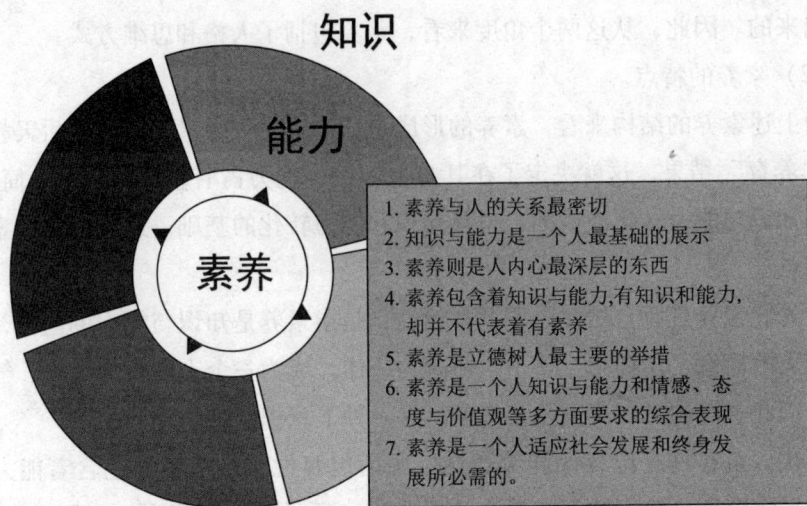

(1) 素养是立德树人最主要的方面。

德为内在的,德高需要通过外在的知识与能力综合展示出来,通过内在心灵的"光合作用"而产生神奇的效果,让人从内在产生真正的能量,这需要通过长期文化的滋润与深刻的过滤提纯。过滤是一个痛苦的选择过程,在这个过程中,一个人会被某些现象所迷惑,根本就不知道真正的提纯的方向在哪儿。为此,只有在长期主动学习的基础上,发挥主观能力性,坚持提高自己综合应用知识的能力,才能提升素养,达到立德树人的目的。当然,在学习的初始阶段,一个人必须找到对的方向,然后经过不断打磨,不断强化,不断挑战自己,不断采取新鲜又有效率的方式,最终在强大知识结构下,真正收获到自己最想要的,形成自己独特的知识体系,形成最具自己个性特色的综合素养。

(2) 素养是现代社会必须拥有的最基础的德育修养。

没有素养,再多的知识与能力也是空,同样,素养若没有知识与能力的相辅相成,则容易干枯;找不到好的养料来培养,就培育不出枝繁叶茂的花丛,就不能形成真正的百花园,就形不成生动活泼的局面。而素养代表着一个人的综合素养,倘若一个人的综合素养不高,那么就容易产生一种破坏的心理,产生一种混世的心态,更不要说有明确的生活方向了。相反,适时通过知识和能力的提高来增强自己的素养,多给自己一些好的积极的向上的能量,多为人着想一些,多一些互相支持与包容,多一些渴望知识的执着与努力,更多一些挑战困难的决心,

就可以让自己拥有现代社会基础的德育修养，以此适应现代社会发展的需要。

二、什么是核心素养

由素养的形成可知，它强调非先天遗传的后天"教育"与人为"学习"的功能，因此它对于个体而言，一方面可以协助个体获得优质生活，另一方面可以协助人类因应当前信息社会及未来社会各种社会生活领域的挑战而具备多项能力。其中，核心素养就是素养的中心。那么，何为核心素养？它包含了哪些内容，其影响是什么呢？

1.核心素养对人和社会的影响

核心素养，顾名思义，就是"核心的"素养，它是一个人的素养中最为本质的内容，是一个人立身行事的根本。它对个人和社会均发挥着重要的影响作用。

（1）核心素养是社会成员必备的素养。

就其本质而言，核心素养实际上指的是所有人"共同的"素养，是关键的、必需的、重要的素养，是具有关键性、必要性、重要性的核心价值。我们知道，一个人终其一生需要众多的素养，以适应社会生活。这些素养是所有的普通民众一定要具备的，比如学会听说读写、学会解决日常生活中的问题等。这些普通的素养，缺少其中的一种，并不会造成致命的影响，但处于这些素养中间，由对这些素养进行划分得来的比较关键的、必要的、重要的、被认为是最根本的，无法被取代且居于核心地位的核心素养，则是一个人成长必需的素养。核心素养是关键少数的素养，在一个人的成长过程中处于最根本的、不能被取代的核心地位，可以满足个人"优质生活"的需求，协助一个人获得成功的人生，进而营造"成功的个人生活"。

（2）核心素养是社会发展必备的要素。

核心素养的核心地位和不可替代性，在决定个人的发展前景，影响个体成功的同时，也由点及面地说明它的存在影响着功能健全的社会的建立，影响着优质社会发展愿景的诞生，影响"功能健全的社会"的构建。

2.核心素养的发展历程

核心素养对个人和社会的发展影响深远。那么，核心素养这一概念有怎样的源起呢？事实上，核心素养的提法是经历了一个发展过程的。

（1）源起阶段。

关于核心素养最早提出的时间，目前尚不得而知。然而，核心素养的提出与"关键能力"概念的出现渊源深厚。正是关键能力的提出，促进、催生了核心素养的产生与发展。1972年，德国学者梅腾斯提出关键能力一说。所谓关键能力，也称为核心能力，是指某种普通的、可迁移的、对劳动者未来发展能够起到关键作用的能力。

随后，在这一说法的影响下，欧美和世界各国的职业技术教育领域首先发生了重大变化。英国将这一概念引进后，加以研究和分析，并在职业教育领域加以应用，从而促进了本国职业教育的发展。就此点而言，英国可以说是核心素养的源起国。

（2）发展阶段。

针对21世纪培养的学生应该具备哪些最核心的知识、能力与情感态度，才能成功地融入未来社会，才能在满足个人自我实现需要的同时推动社会发展，经济合作与发展组织（OECD）启动了"素养的界定与遴选：理论和概念基础"项目，率先提出了"核心素养"结构模型。这一举动被学界公认为较早对核心素养体系做出的较为系统的解释，更是核心素养概念的发展。该项目确定了关于核心素养三个维度、九个方面的素养（如下表）：

能动地使用工具	能在异质群体中互动	能自律自主地行动
◇ 互动地使用语言、符号和文本 ◇ 互动地使用知识与信息 ◇ 互动地使用新技术	◇ 了解所处的外部环境，预料自己行动的后果，能在复杂环境中确定自己的具体行动 ◇ 形成并执行个人计划或生活规划 ◇ 知道自己的权利和义务，能保护及维护权利、利益，知道自己的局限与不足	◇ 与他人建立良好的关系 ◇ 团队合作 ◇ 管理与解决冲突

随后，美国、英国、德国、日本、法国、芬兰、新加坡等国先后投入到有关核心素养框架的研究和相关体系建设之中。

（3）启动与发展阶段。

由个别地区到全球。2006 年，欧洲议会和欧盟理事会通过了关于核心素养的建议案，并向其成员国推荐 8 项核心素养。与此同时，欧盟还启动了 ET 2010 计划。2010 年，欧洲理事会和欧盟委员会发布了该项计划的进展报告，题为"面向变化中的世界的核心素养"。2012 年，欧盟启动了"重新思考教育"计划。在这项计划中，核心素养课程的实施与评价问题被纳入了专题研究范畴。2014 年 3 月 30 日，我国教育部在正式印发的《关于全面深化课程改革 落实立德树人根本任务的意见》这份文件中也提出了要加快"核心素养体系"建设。

3. 核心素养的特点

作为一个人的品格和能力中的核心要素，核心素养具有稳定性与开放性、发展性的特点，是一个伴随终身可持续发展、与时俱进的动态优化过程，是个体能够适应社会、促进终身学习、实现全面发展的基本保障，它具有如下特点。

（1）共同性和必要性。

人作为社会性动物，要获得发展，就必须具备一定的条件，这些条件就是一个人享有幸福生活，获得个人成长的必要素养。同时，这种必要素养对于每个人都是必备的，是一个人参与社会生活的必备条件，也是一个人发展人生、获得幸福的必备前提，更是一个人获得终身发展必备的要素。由此角度而言，核心素养是人人都必备的素养，代表了个体普遍应该达到的共同的必要素养，是最关键、最必要的共同素养，具有共同性和必要性的特点。

（2）综合性和关键性。

就内容而言，核心素养是知识、技能和态度等的综合体现，是知识与技能和情感、态度的综合表现；就功能而言，核心素养兼具个人价值和社会价值，对个人和社会均具有积极的意义。因此，从这两个角度而言，核心素养又具有关键性和综合性的特点。

（3）建构性和整合性。

就培养而言，核心素养是在先天遗传的基础上经后天学习而成，是个体认知与元认知建构的过程；就架构而言，核心素养涉及文化学习领域、个体自我发展领域和社会参与互动领域，反映了个体与自我、社会和文化的关系；就作用而言，核心素养的发挥具有整合性，每个核心素养都是独特的，不存在相互的可比性。因此，核心素养体现出建构性和整合性的特点。

（4）基础性和发展性。

核心素养是素养的核心，是其他素养发展和培养的根源，因此对于个人发展和培养而言，它是一切成就和能力的基础。同时，核心素养是动态发展的，随着人的一生都在发展，在不同的阶段有不同的培养要求，而对于一个人的终生发展而言，它又是终生发展性的，指向教育应该培养怎样的人，因此体现了全人教育的理念，体现了立德树人的德育宗旨。

4. 核心素养与基本技能的关系

核心素养是人适应信息时代和知识社会的需要，解决复杂问题和适应不可预测情境的高级能力与人性能力。它与传统的"基本技能"与"基本知识"（即所谓"双基"）有着区别与联系。

（1）"双基"是随时代变迁不断发展、变化的。

当人类迈入信息时代以后，数字素养、批判性思维、创造性、交往、协作等"核心素养"或"21世纪技能"日益成为"基本技能"。一些新兴学科（如信息科技）的知识也正在成为"基本知识"。

（2）核心素养与传统"双基"是一种包含、融合和超越的关系，而非简单的叠加。

核心素养并不排斥传统"双基"。"双基"的学习方式需根据核心素养的要求而发生根本改变。核心素养本质上是解决复杂问题的能力，只能通过让学生置身真实的问题情境，亲历复杂的问题解决过程而培养。当"双基"的学习成为间接过程和解决复杂问题的"副产品"的时候，"双基"的熟练与核心素养的发展就呈正比关系。素养本位的课程改革并不反对知识与技能的熟练。

主题 2　发达国家核心素养的培养与基本框架

核心素养从其提出到发展经历了一段探究的过程。早在我国提出核心素养的培养要求之前，发达国家均已开始注重对核心素养的培养，并形成了自己的培养框架。下面就让我们看一看发达国家核心素养的培养与基本框架。

一、美国的 21 世纪核心素养

随着全球化时代的到来，为了提高国际竞争力，迎接各种问题与挑战，一直处于国际领先地位的美国于 2002 年正式启动了 21 世纪核心素养研究项目。这一项目旨在促进美国教育系统培养出具备适应时代挑战的知识与技能的学生，即接受过教育后的学生必须满足美国职场对人才的最新需求。

1. 美国 21 世纪核心素养提出的过程

1990 年，美国劳工部组织和成立了职场基本素养达成秘书委员会（SCANS），意在专门探寻和确立青年人在职场中获得成功所必需的技能。在调查研究的基础上，该委员会于 1991 年发表了第一份报告——《职场对学校教育的要求》，提出了美国职场基本素养的五大指标，即资源管理、人际素养、信息素养、系统化素养、技术素养。随后，为了让学生形成上述五大职场基本素养，提升学生个人的心智素养以及个性素养，该委员会又在对五大素养进行具体分析的基础上，提出了作为职场素养基础的、相应的三大基本素养，即基本技能（Skills）、思维素养以及个人特质。到 1992 年这一项目完成，它对此后的教育和职场发展中的个人或组织都产生了重要的影响，并为之后所启动的 21 世纪核心素养研究奠定了一定的基础。

从 1994 年到 1996 年，美国国家素养研究院在调查研究的基础上，本着提高成人教育机构开发合适教育项目的能力，从而更好地满足成人学习者以及更多社区学习者的需要，为成人学习开发内容标准的基础框架的目的，启动了"为未来而准备"（EFF）项目，最终形成了包含 16 个指标的内容标准。这 16 个标准包括阅读理解、通过写作表达观点、有效的语言表达、积极倾听、批判的观察等。

总之，以上职场基本素养研究以及成人核心素养研究项目的成功运作，直接推动了美国 21 世纪核心素养研究项目的启动。

2003 年，美国 15 岁学生在 PISA 测验中的结果于各参与国家中排名第 29 名，这一结果让美国政府意识到，全球快速变迁下学生所需技能不再限于数学、阅读与科学等基本能力，而是学生的核心素养。为此，21 世纪核心素养指标体系在美国的新一轮教育改革中得以建构。

2. 美国 21 世纪核心素养的基本框架

美国 21 世纪技能主要包括"学习和创新素养""信息、媒介与技术素养""生活与职业素养"三个方面的核心素养，它实现了教育由 3R 向 4C 的转变：基础的读写算能力培养转向了交流、合作、批判地思考、创造力四种能力的培养。具体来说，以核心素养为中轴的 21 世纪学习体系建构如下图所示：

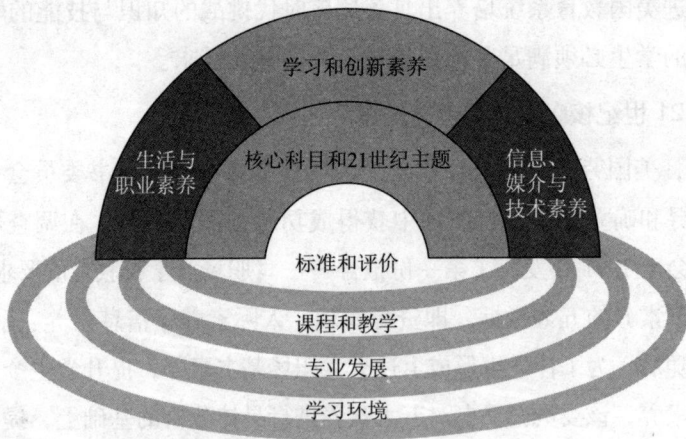

从图中可以看到，21 世纪学习体系主要包含以下三个部分。

第一部分：图中彩虹部分的外环部分，呈现的是学生学习结果的内容，即核心素养的指标成分，主要包括"学习和创新素养""信息、媒介与技术素养""生活与职业素养"三个方面。这三个方面主要描述的是学生在未来工作和生活中必须掌握的技能、知识和专业智能，也即核心素养，它是内容知识、具体技能、专业智能与素养（literacy）的融合。

第二部分：彩虹的内环部分，阐释的是培养核心素养的内容，包括"核心科目与21世纪议题"。核心科目主要包括英语、阅读和语言艺术、外语、艺术、数学、经济、科学、地理、历史、政府与公民等。同时，在保留传统核心课程的基础上，还增加了5个21世纪议题，以融入核心科目的教学活动的形式，帮助学生进一步学会应对现实生活的具体问题。

第三部分：图中的底座部分。这部分内容表明，由于批判地思考与有效地交流必须是建构在核心学科知识的基础之上的，因此以上两个部分中的每一项21世纪核心素养的落实，均依赖于核心学科知识的发展和学生的理解。因此，倘若某一学校或地区的教育以21世纪核心素养为基础，就要将核心素养整合进核心学科的教学之中，进而催生一系列支持系统，即21世纪标准与核心素养的评价、21世纪的课程与教学、21世纪的教师专业发展、21世纪的学习环境。这五个支持系统是保证21世纪核心素养实施的基础。支持系统与学生学习结果、学习内容这三大系统之间是相辅相成的不可分割的整体。没有核心课程为载体，核心素养的培养就难以落实，支持系统也就没有意义；没有支持系统的保证，各种核心素养的形成与落实也将会变形乃至流于形式。

总之，不同于世界上其他组织和国家，美国21世纪核心素养项目从一开始就建构了以核心素养为中轴的学习体系，其包括学习内容的科目与主题、学习结果的指标以及强大的学习支持系统。同时，21世纪议题还提出了包括全球意识、理财素养、公民素养、健康素养和环保素养在内的跨学科议题。

二、日本和新加坡的核心素养培养

相比于美国21世纪核心素养的培养框架，日本和新加坡的发展则表现为一早一晚，但在最终目的上却是一致的。

1. 日本的"生存能力"素养培养

早在20世纪90年代，日本就为了应对人类面临的新挑战而提出要培养孩子适应信息化、国际化社会的核心素养，即生存能力教育目标。在此目标的指导下，日本进行了一系列教育改革。日本"教育课程编制基础研究"项目组在对基础素养、认知素养和社会素养这三大核心素养进行分析的前提下，提出日本人必须具备"能在 21 世纪生存下去"的能力，即 21 世纪的生存有力。这种能力被命名为"21 世纪型能力"。

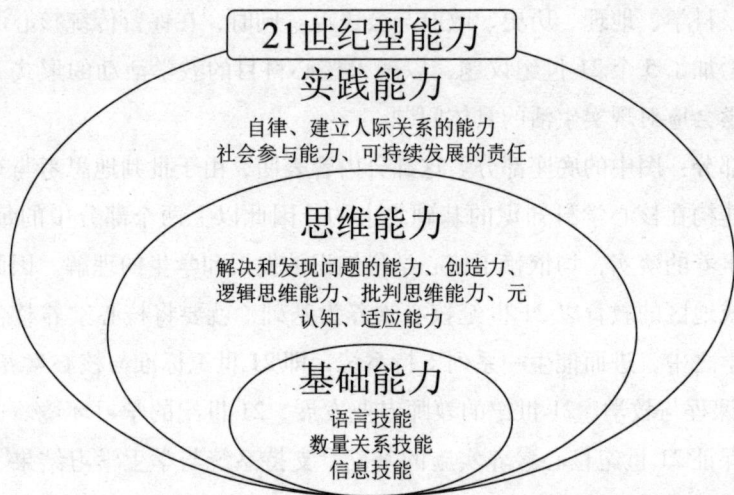

21世纪型能力

实践能力
自律、建立人际关系的能力
社会参与能力、可持续发展的责任

思维能力
解决和发现问题的能力、创造力、
逻辑思维能力、批判思维能力、元
认知、适应能力

基础能力
语言技能
数量关系技能
信息技能

如上图所示，图中的三个椭圆表示三种能力的关系，基础能力支撑着思维能力，实践能力引导着思维能力。其中，实践能力对思维能力起着限制作用，三个椭圆相互重叠，代表着一切课程的设置均要以"21 世纪型能力"的培养为宗旨，建立以自主、合作、创作为轴心的终身学习型社会。具体来说，"21 世纪型能力"的三个部分各自的内容和作用如下。

第一，思维能力。这是"21 世纪型能力"的核心。这是指每个人进行自学、自主判断、形成自己的想法，与他人交流，比较并整合自己的想法，形成更好的见解，创造新知识，并进而发现下一个问题的能力。这是由发现和解决问题的能力、创造力、逻辑思维能力、批判思维能力、认知、适应能力等构成的。

第二，基础能力。这是支撑思维能力的能力，即借助于熟练使用语言、数字、信息等来实现目标的技能，对于思维能力起到重要的促进和支援的作用。

第三，实践能力。这一能力处于"21 世纪型能力"的最外层，对思维能力的使用方法加以限定。这一能力是指在日常生活、社会、环境中发现问题，并运用自己掌握的知识，寻找出对自己、社会共同体、社会有价值的解决方法，然后将这种解决方法告诉社会，与他人共同协商讨论这种解决方法，进而通过这种方式认识到他人与社会的重要性的能力。

总之，在日本 21 世纪型能力模型中，思维能力处于核心地位，基础能力支撑思维能力，最外层的实践能力是最终培养出人的具体表现。简言之，这说明日本的 21 世纪型能力是指基础素养、认知素养与社会素养。

2. 新加坡的核心素养培养框架

在对比了 21 世纪与 20 世纪所需劳动力的特点之后，新加坡政府于 2010 年提出了建设"思考型学校和学习型国家"的愿景，并提出 4 个理想的教育成果，即培养充满自信的人、能主动学习的人、积极奉献的人以及心系祖国的公民。这就是新加坡核心素养培养的框架。

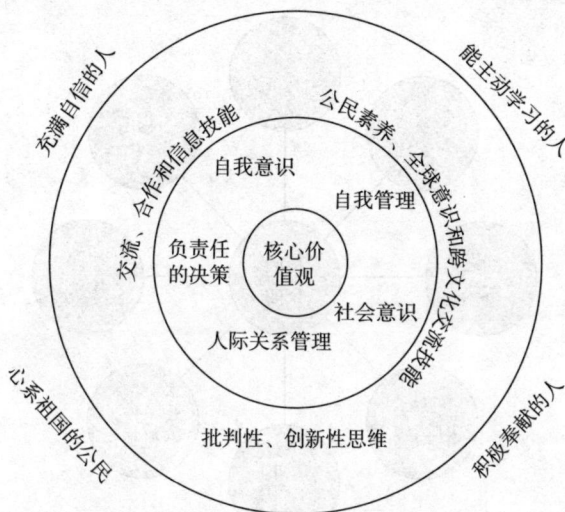

如上图所示，这是一个由内到外共包含三部分内容的核心素养培养框架，它包括核心价值、社交与情绪管理技能以及新的 21 世纪技能。新加坡的核心素养指标体系同样强调的是在 21 世纪这个信息时代应具备的技能。

三、英国和法国的核心素养

英法两国是老牌的资本主义国家，也是教育传统悠久的国家，其教育体系经过多年的发展，已经相当完善和复杂。但面对知识社会的 21 世纪，面对着经济全球化的趋势，以及政治民主化、社会信息化等新形势，两国政府认识到了教育变革的必要性。于是在高科技产业的发展，社会的变革等对劳动者提出更高要求的情况下，也同样提出了核心素养培养问题。

1. 英国的核心素养培养

作为一个有着独立教育体系的国家，英国早就启动了核心素养调查研究工作，并将最后的研究成果广泛应用于教育的各个领域。因此，英国的核心素养相对于其他国家和地区有较强的前瞻性和成熟性，而其核心素养内容也发生了多次的变化。

1989 年 11 月，英国产业联盟发表了《通向技能革命》文件。这份文件对核心素养的具体内容进行了明确的介绍，如下图所示：

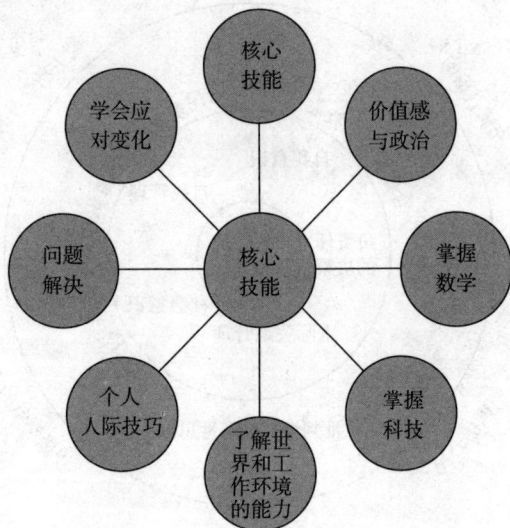

由图中可知，核心素养以核心技能培养为中心，要求学生具备问题解决能力、个人交际技巧、了解世界和工作环境的能力，掌握一定的科技。它同时注重政治、核心技能、学会应对变化能力的培养。

1996 年的迪林报告将社会政治哲学、经济需求与课程改革连接在一起，既强调社会经济需要，也强调个人要求，对关键能力的演变产生了很大的影响。如下图所示：

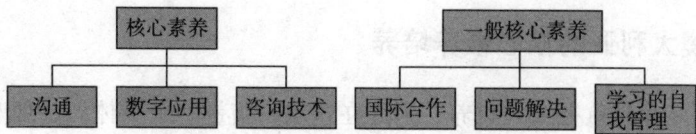

从上图可以看到，与《通向技能革命》文件相比，这一报告对素养的划分更为明确，对核心素养的内容提出了更为具体的要求。

2003年，为了进一步开发受教育者的潜能，并提升英国人在21世纪的竞争能力，英国教育进一步强化了14～19岁阶段的能力，并公布《21世纪核心素养——实现潜力》白皮书。这一白皮书对高中生应该掌握的核心素养进行了详细的界定，包括交流、数字、运用信息技术、与他人合作、改善自学与自做、解决问题的技能六个方面。每种素养又分为不同的级别水平。由此，核心素养形成一个整体框架并进行检验和推广。

2. 法国的核心素养培养

2003年，在法国总理拉法兰的倡导和授意下，法国以基础教育改革为目标，启动了在学校教育层面的核心素养研究。法国社会学家克洛德·泰洛特牵头，经过为期一年的研讨，于2004年呈交并发布了《为了全体学生的成功》的报告，该报告详尽阐述了学校必须使学生获得的基本知识。在这份报告中，核心素养指的是一个成年人为了在现代民主社会中获得成功的个人生活和完善社会生活所必需的素养。换言之，成年人适应未来社会所必须具备的知识、能力与态度就是核心素养。

2005年，法国"知识与能力的共同基石"法案通过，主要针对法语、数学基本元素、公民生活所需的人文科学文化、信息通信技术基础四个领域。2006年，该法案得到进一步明确，形成了七大素养，即法语、外语、数学与科学技术文化、生活通信技术应用、人文文化、社会与公民素养、自主与首创精神。这是自19世纪末以来，法国首次通过政治力量将"共同"和"素养"引入课程。

2016年10月，法国教育部发布"知识、能力与文化的新共同基石"，在2005版本基础上将"文化"引入核心课程，提出八大核心素养，覆盖整个义务教育阶段的学生（6～16岁），并再次强调共同基石要让学生预备在升学、个人前途和职业发展上的能力，同时也为行使公民权利义务做准备。

四、澳大利亚的核心素养培养

澳大利亚极其重视个人素养，因此在这里，衡量一个个体，一般是将其放在与之相关的环境中，以此环境的核心价值为前提，规范个体的素养要求。

1. 澳大利亚公民的素养

澳大利亚官方并不曾对素养及核心素养下过定义，不过该国主流社会认同的"素养"是澳大利亚人约定俗成的一种共识。于青少年学生而言，公民素质、个人成长、技能素质三个领域的要求就是对素养的要求。

2. 澳大利亚的核心素养

澳大利亚公民核心素养的要求就是"尊重"和"责任"。下表是澳大利亚墨尔本大学于 2009 年公布的 4 类（10 项）技能要求，从中可以看出澳大利亚的核心素养。

思维方式	创新与创意 批判思考与问题解决和决策 学习如何学习
工具运用	信息素养 信息和沟通科技素养
工作方式	沟通 团队合作
生活方式	所在地与全球公民素养 生活与生涯 个人与社会责任

从这里可以看出，要教会学生做人，教会他们成为合格的、能适应社会的人；懂得尊重他人又有自尊的人；有抱负、有正义感，勇于担当，对己对人尽职负责的人。这些就是教育的宗旨。而这种核心素养的要求可以通过人格独立、批判性思维、对事物具有广泛而持久的兴趣以及心理弹性（抗挫能力）四个方面达到。这是在公民素质基础上对个体素养的进一步要求，培养青少年成为有个

性、有思想（主见）、主动上进、不畏艰难的合格公民。

技能素质则包括了沟通、团队合作、领袖才能、解决问题四方面。保证青少年成为能够适应社会发展需要的人，这是全球化的要求，是合作共赢社会生态的要求，也是创新进步的要求。

主题3 对中国核心素养的认识与理解

对于核心素养体系，不同的国家有着不同的价值取向，不同价值取向又决定了培养人方向的不同。我国明确以社会主义核心价值观为中心，构建学生核心素养体系。那么，核心素养在中国的提出经历了怎样的过程？其内涵又是什么呢？

一、核心素养在中国的提出

相关研究显示，台湾中正大学蔡清田是国内最早针对"核心素养"进行理论研究的学者，他在 2012 年出版的书籍《课程发展与设计的关键 DNA 核心素养》和论文《"核心素养"：新课改的目标来源》中，就"核心素养"的建构和在中国基础教育课程改革中的重要地位加以阐述。

1997 年，国际经合组织启动了"核心素养"的研究，它是一个整合了知识、技能、情感和价值观的集合体概念。核心素养不是教育之外的东西，更不是与素质教育对立的东西，它是为深化实施素质教育而研制的，是一个具体的、可测量的指标体系。以个人发展和终身学习为主题的核心素养模型逐渐代替了以学科知识结构为核心的传统标准体系，由此，世界教育改革出现了一个新的走向，教育标准形式逐步发生变化。

2012 年，中国共产党第十八次全国代表大会提出的"立德树人"的教育目标为我国"核心素养"研究提供了方向引领。2013 年 5 月 16 日，针对中国核心素养的"我国基础教育和高等教育阶段学生核心素养总体框架研究"重大项目正式启动，表明我国核心素养的研究正式揭开了帷幕。教育部领导表示，中国将借鉴国际上的核心素养体系，以党的教育方针为指引，研究形成具有中国特色的社会主义核心素养，并把它融入教材和课程中，还将学生发展核心素养和学业质量标准要求充实到各学科课程标准当中，进一步增强课程标准的思想性、科学性、整体性和可操作性。

2014年4月，教育部颁布的《关于全面深化课程改革　落实立德树人根本任务的意见》中指出："研究提出各学段学生发展核心素养体系，明确学生应具备的适应终身发展和社会发展需要的必备品格和关键能力。"并将"学生发展核心素养体系"的研制与构建作为推进课程改革深化发展的关键环节。该文件的颁布为"核心素养"理论的深入研究和实践指明了方向。

2016年9月13日，《中国学生发展核心素养》研究成果于北京发布。该成果是教育部委托北京师范大学，联合国内高校近百位专家成立课题组，历时3年完成，将事关今后的课标修订、课程建设、学生评价等诸多方面。

二、中国的核心素养的特点

中国学生发展核心素养，基于素质教育，又是对素质教育的提升与超越。中国学生发展核心素养在内涵界定上，能力与品格并重；在价值取向上，个人发展取向和社会发展取向二者融合、统一；在具体实施上，落实在课程开发与设计中，落实在学科教学中。因此，核心素养的中国表达是我们共同的追求。中国表达的核心素养有如下特点。

1.强调对素质教育的坚守、提升和超越

细心地研究《国家中长期教育改革发展规划纲要（草案）》就可以发现，中国教育改革发展的战略主题是素质教育，学生发展的重点是社会责任感、创新精神和实践能力。这些与当前核心素养关注的方向与重点是一致的。因此，核心素养命题是素质教育的延续与坚守，是对素质教育的提升与超越。其具体表现是：素质教育强调先天遗传和后天培养相互作用，更强调后天培养和可发展性，也更强调教育的使命；核心素养发展则更指向人，聚焦于学生发展，将学生发展置于

教育、课程的核心地位，落实以学生发展为本的理念。因此，核心素养的提出，绝不是对素质教育的否定，而是与素质教育在方向上、理念上、重点上具有内在的一致性与紧密的关联性，给素质教育注入了新内涵、新机制、新动力。这是具有中国特点的。

2. 注重品格和能力的双向教育

不同于世界上其他国家和国际组织对核心素养的培养往往强调技能或能力，我们更关注的是品格和能力，因此我们将核心素养界定为"必备品格和关键能力"，将品格与能力同时作为核心素养的内涵。这是因为，首先，人的能力固然重要，但其发展不仅需要能力，要以能力为重，而且还需要品格，增强社会责任感等，品格与能力共同支撑着人的发展。其次，品格与能力是互相支撑的。能力理应具有方向感、价值感和道德意义，倘若其缺少价值判断与道德的支撑，能力的发展极有可能成为一把双刃剑，会对他人和社会造成危险，因此，品格与能力并行发展，但品格具有引领能力发展方向的作用。最后，伦理道德文化是中华传统文化的底色与亮色，也是中华民族特有的文化传统。因此，将品格列入核心素养培养范畴，将更有利于中国社会的发展。

3. 突出个人与社会的双向发展

不同于其他国家在核心素养培养上，或倾向于成功生活，或倾向于终身学习，或倾向于个人发展，或倾向于综合性取向，中国发展核心素养，明确强调"学生发展核心素养，是指学生应具备的、能够适应终身发展和社会发展需要的必备品格和关键能力"，意即将个人发展和社会发展作为并列的取向，强调二者的双向发展。于此角度而言，中国研制的学生发展核心素养，是"国家标准"，是对学生发展共同的基本要求，可以从总体上保证人才质量，满足社会发展需求，从而促进社会发展。

当然了，这一核心素养的特点，并非否认满足个人发展的需求。因为核心素养的本体就是人，即学生的每一个体。发展核心素养，就是要促进个人的终身发展。而当一个人得以实现终身发展时，就可以真正促进社会发展；反之，当一个社会真正发展了，就得以推动个人发展。所以，坚持个人终身发展与社会发展价值的统一、融合、互动，是中国发展核心素养的方向与追求。

4.极富中国意蕴的三个维度的结构

不同的结构反映不同的理念和不同的理解。中国核心素养,以三个维度的结构,将中国意蕴表达得十分丰富。这三个维度是核心素养的自主性——自主发展维度,核心素养的社会性——社会参与维度,核心素养的文化性——文化学习、修炼维度。以此三个维度建构中国学生发展核心素养的整体框架,这是一种完整的、合理的且反映核心素养特性的框架,其具体呈现形式的内隐性让其清晰又深刻地体现了框架的整体力量,将文化学习、修炼的维度,将学会学习、使用并创造工具、思维能力等置于重要位置,从而对学科的教与学起到引领作用。

5.落于实处的学科培养要求

中国学生发展核心素养体系提出核心素养的学段、学科特点问题,当前正在研制学科核心素养。目前大家对学科核心素养的概念还有些质疑,这些质疑不无道理,可以让我们的研究更严谨、认识更深刻、表达更精准。但是有一点是明确的,中国发展核心素养落实于课程开发与设计中,落实于学科教学中,体现其培养的实践性。与此同时,它为学科育人提出明确的理念,从而让学科内容的选择、目标的设立以及所展开的教学过程找到依据,进而有目的、有计划地落实核心素养。这样的落实要求从学科特质、学科特定内容出发,寻找到学科教学与核心素养的联结点、触发点、结合点、落实点成为必须和必然。当然了,这种落实还体现在对三维目标(知识与技能、过程与方法和情感、态度与价值观)与核心素养关系的研究与处理上。中国发展核心素养让三维目标在整合、提升中走向核心素养,成为核心素养形成的要素和路径。

6.坚持全面统筹落实的方针

中国发展核心素养,强调核心素养的实施,要求以"坚持系统设计、整体规划育人各个环节的改革"为基本原则,统筹各学段、各学科,统筹课标、教材、教学、评价、考试等环节,统筹各个方面的教育力量,统筹各种"阵地","形成多方参与、齐心协力、互相配合的育人工作格局",基本确立"相互配套、协调一致的人才培养体制",进而实现"全科育人、全程育人、全员育人"的目标。这是整体思考、复杂性思维范式的具体体现,也是中国表达的生动体现。

主题4 核心素养的培养原则和途径

随着时代的发展，我国关于人才的培养打破了"分数"的局限，开始更多地关注人自身的发展，关注社会发展所需要的品格与能力。那么，培养核心素养要遵循怎样的原则，以怎样的途径和方法进行呢？

一、培养核心素养的原则

爱因斯坦说："所谓教育，就是一个人把在学校所学全部忘光后剩下的东西。"这句话道出了教育的目标指向，就是培养学生的"核心素养"。那么，面对信息科技革命方兴未艾的全球化时代，我们应该如何发展学生的核心素养呢？为此，在理解中国发展核心素养的特征的前提下，要充分考虑以下原则。

1. 强调课程统整，引导学生体会成长的快乐

课程是教学目标实现的载体和依托，是建构学生核心素养的重要载体。要发展中国核心素养，就意味着首先要对传统课程进行大胆改革，让核心素养的要素巧妙地融入课程设计之中，然后结合跨学科主题展开课程内容，开发新的课程资源，形成完整的课程体系。这样的课程，会让学生获得学习和成长的快乐。

【案例】

某校在语文课"春天主题单元"里，让学生在获得常规教学内容的同时，选取了多篇描写春天的相似文本，引导学生进行比较阅读。这些文体内容和形式多样，可以让学生从不同角度感受春天。与此同时，教师还根据语文主题单元教学需求，开展主题式阅读，为学生推荐大量以春天为主题的书籍，让其从中选读，比如《遇见春天》《14只老鼠去春游》《春天什么时候来》等10本绘本故事，从而让学生通过大量的阅读感受不同视角的春天，获得更丰富的与春天有关

的经验。随着科学、美术、音乐等其他学科融入，学生可以根据课程需要开展跨学科阅读。比如科学课中，教师就引导学生阅读绘本版《昆虫记》，以科学的角度去探索春天的昆虫；美术课中，教师结合阅读引导学生进行"自然笔记"创作，凸显跨学科的阅读理念……

这样的课程整合，遵循了面向核心素养培养的教学目标，"学生很自然地被放在学习的中心地位，主动学习、个性化学习逐渐成为习惯。他们面向未来的核心素养在统整式的学习中会得到浸润式地培养"。

2. 重塑教师核心素养，促进教学变革

教师是教育的引导者，要从3个方面、6项内容对学生全面开展核心素养的培养，就离不开教师的引导。因此，要达到培养"全面发展的人"的核心素养培养目标，就要重塑教师核心素养，促进教学变革。要让教师改变传统的保姆式、家长式的管理方式，转变为放手式教育，引导学生自主探究、自主学习；要从重视"教"，转向强调激发学生自主"学"；从游离社会生活，转向积极参与社会生活；从科学与人文相互偏离，转变到二者有机融合。

【案例】

某校为发展核心素养教育，重塑教师核心素养。W老师身为语文教师，活跃在教学一线，首先意识到了自己的改变对于学生的影响，对于核心素养培养的重要作用。于是他与学校的综合实践课教师、信息技术课教师联手，开发了适应统整课程，借助于现代化信息技术促进学生综合实践能力的提高。当然，在此过程中，W老师首先提升自己的能力，不但学习了相关的互联网操作技术，而且还不断提升自己其他学科的相关知识，拓展自己的知识面。

这一案例说明，教师重塑自己的核心素养，不但要关注本学科的教学，还要关注其他学科的教学，要具有跨学科的能力，要让自己一专多能，学会与其他教师团结合作，让课程超越课堂视角，从而让学生通过浸润式学习把学科素养和综合素养统整起来。

3. 建立发展性的评价体系，对学生发挥导向作用

要培养学生的核心素养，除了变革教学方式，重塑教师核心素养，还要注意

科学发挥评价的作用，即建立发展性评价体系，从而让评价发挥对学生的激励导向作用。我们知道，教学评价是教育变革的关键因素之一，直接关系到核心素养教育的成败。为此，核心素养下的教育，要改变传统的评价体系过分重视分数的情况，就要注意让评价发挥激励和引导学生的作用，让其成为学生发挥培养核心素养主动性的作用。要以核心素养为统领，整合、改造、优化现有评价，使现有的各种评价与核心素养评价接轨，将核心素养的理念、内涵、要求贯彻到现有评价之中。

【案例】

每年 7 月至 10 月，在加拿大、美国阿拉斯加和挪威等地可观赏到三文鱼洄游的奇观。临近产卵期的三文鱼浩浩荡荡地逆流而上，跳跃于小瀑布和小堤坝，历尽艰辛回到出生地产卵，随即结束自己的生命。而孵出的小鱼苗将顺流而下回到海洋，通常 3~5 年长大成熟。据统计，野生三文鱼数量在过去 30 年内已减少 2/3。仅在 1994 年至 1999 年间，北美河流的三文鱼年穿行量就从大约 20 万尾下降到 8 万尾。自 20 世纪 60 年代开始的肆无忌惮的商业捕捞是三文鱼濒临生存警戒线的根本原因。

2015 年 11 月，美国食品药品监督管理局在经过 5 年食用安全性和 3 年环境安全性的评估后，批准了转基因三文鱼上市。该转基因三文鱼是在大西洋三文鱼的基因组中导入了两个基因，其中一个是奇努克三文鱼的生长激素基因，从而改变了大西洋三文鱼原有的生长激素调节方式。这些转基因三文鱼经进一步实验处理成为三倍体雌鱼。经过基因修饰后的大西洋三文鱼生长迅速，仅需 18 个月便能生长到成年体形。

问：（1）三文鱼是深受人们喜爱的鱼类，其竭尽生命产卵的景象辉煌而悲壮。人类可以采取哪些措施保护野生三文鱼资源？

（2）对转基因生物释放到自然界中的担忧之一是：转基因生物中含有的目的基因会通过有性生殖扩散到野生种群的基因库中，从而对遗传多样性造成影响。你认为本例中的转基因三文鱼是否会发生此种情况？为什么？

（3）你认为培育转基因三文鱼的优势是什么？

以上习题体现了对核心素养中理性思维和社会责任的评价，这是核心素养导向下发展性评价体系的体现。

二、培养核心素养的途径

核心素养在中国的提出，让我国的教育评价从分数转向对"人"的关注。它对于培养全面发展的人起着积极的作用，对于培养未来社会的人起着关键作用。那么，培养核心素养可以通过哪些途径呢？

1.要植根于中华优秀传统文化的土壤之中

在传统文化宝藏中，教育理论、教育思想、教育经验熠熠闪光，塑造着中国教育之魂。细察中国优秀的文化传统，不难发现有关人、有关学生发展的宝贵思想，不难发现其中所蕴含的文化精神、科学理性、创新实践的基因。具有中国特色的现代化建设要深植于中华优秀传统文化的土壤之中，具有中国特色的教育现代化建设同样要深植于中华优秀传统文化的土壤之中。毋庸置疑，中国学生发展核心素养的研制，在吸收外来文化的同时，必须不忘本国文化。这样，中国学生发展核心素养才会有中国根、民族魂、世界眼；这样，中国学生才能在世界文化的激荡中站稳自己的脚跟，又跟上世界前行的步伐。

2.要与中国的现代化建设相呼应

现阶段，建设中国特色社会主义的主要任务，就是全面建成小康社会。同时，一系列支撑发展的重大理念、重大政策、重大工程和重大项目，为今后中国经济社会的发展指明了方向和路径。这是对全国各行各业的召唤，当然也是对教育改革、发展的召唤，必然对学生当下和未来发展提出更高的、新的要求。这些要求聚焦在学生发展核心素养上，尤其是文化底蕴、科学精神、学会学习、健康生活、责任担当与创新实践等方面素养上，包括家国情怀、社会责任、法治意识、思维品质、创新精神和实践能力等。具有这些素养的学生，才能担当起振兴中华的重任，实现自己的人生梦想。这一重要的现实基础和未来发展的需求，必然促使中国学生发展核心素养体现中国的时代色彩。

3.吸取教育改革的经验教训，从中获取丰富的营养

综观我国基础教育课程改革的历史，在其中有相当多的成功之处，也存在相当多的教训，倘若我们可以在发展学生核心素养的过程中吸取我国教育改革过程

中积累的丰富的经验，就可提升我们的理念，让课程目标更鲜明，让课程内容更丰富，让课程结构更明晰，让课程的创造性得以实施，使学生的学习方式得以变革，使评价理念及方式得以转变，让课程管理权限得以分享，进而达到立德树人的目的，实现对学生核心素养的培养。

4. 与中国学生发展的实际相符，立足于中国学生发展的特点和需求

中国学生发展既具有当代学生发展的一般特点，又具有中国学生发展的个性特点。我们必须认识到，与其他西方国家的学生相比，传统的教育方式让我国学生受到了过多的知识教育、规范教育，因而他们在自主意识、学习品质、思维方式、探究精神、实践能力等方面的发展比较薄弱。这些不足与弱点阻碍了他们的发展，不利于其素养的提升。因此，在推行核心素养的过程中，要注意遵循学生发展的实际情况，要以当前中国学生发展的特点和需求为前提，逐步发挥教育的积极干预作用，进而寻找、明晰"核心"素养，引导中国学生核心素养发展的方向、特点，形成中国风格。

专题二

核心素养培养的前提
——核心基础和核心技术

  核心素养是对农业时代和工业时代"基本技能"的发展与超越,其核心是创造性思维能力和复杂交往能力,奠定人一生发展与基础教育之基础的核心基础,其外延包括知识体系中的"核心知识"、能力体系中的"核心能力"和素养体系中的"核心素养"。要培养核心素养,就离不开核心基础和核心技术。

主题1　核心基础的特征及内涵

核心素养的培育与核心能力、核心知识的掌握是不可分割的。由于当前基础教育仍是"知识主导型"的目标取向，导致了"追求知识加速跑"，并由此而产生了一系列轨道偏移的现象。因此，要培养核心素养，理解核心基础的特征和内涵相当重要。

一、核心基础的特征

核心基础的重点在于"核心"二字上，这让它区别于普通基础和拓展基础的同时，也说明了它的重要性、关键性、普遍性。相对于普通基础这一个体在成长和发展过程中所需要的、必备的几十种基础元素，核心基础是这些基础中的基础，是关键性的要素。相对于拓展基础，核心基础是所有人都必须掌握的普适性基础，对于绝大多数青少年在未来学习与发展中的良好表现具有较强的解释力。因为拓展基础是超出核心基础水平之上的高阶发展，包括基础的广度与深度两个方面，对于少数极为优秀的青少年在未来学习与发展中的突出表现具有较强的解释力，由此我们可以归纳出核心基础的特征如下。

1. 核心素养是个体发展与成长的基础

核心素养的基础元素将在人的发展与成长中持续发挥作用。它一旦获得，就不会轻易丧失且恒久发挥作用，具有较高的持久度。如学习能力，学习者能自主选择学习对象，采用适合自己的学习方法和策略，具有终身学习的愿望和习惯。这样的核心基础必然伴随人的一生，对个体的自我完善与发展持久产生作用。

2. 核心素养是个体成功的关键要素

核心素养的基础元素将在人的发展与成长中广泛发挥作用，不仅在学习活动中，也包括在未来的工作与生活中、在人从事活动的各个领域中都能发挥作用，具有较高的迁移度。如沟通交流素养（具备主动沟通的意识，能根据不同的情境和不同的目的采用恰当的方式进行口头或书面交流）已成为当代各类职场所必需的素养，并成为决定个体成功与否的关键要素。

3. 核心素养与其他要素共同发挥作用，并为其他要素的发展打下基础

核心素养的基础元素在人的发展和成长中，与其他要素的获取和发展密切相关，具有高关联度。如思维能力方面，学习者具有归纳、演绎、比较、想象和创造等能力，并且具有良好的思维品质。而思维能力的发展水平决定个体解决问题的能力水平，也影响个体获取基础知识的程度。

同时，这些基础元素将在人的发展与成长中被其他要素高度依赖，是其他要素进一步发展和提升的基础，具有高被依存度。如健康素养方面，尤其在当今社会，身心健康已经成为个体成长和发展的基础元素和重要前提，其他许多元素的发展都依赖于此。简言之，没有了健康，个体其他方面的发展都会受到制约。

二、核心基础的内涵

核心基础内含三个部分，即核心知识、核心能力和核心素养。其中核心知识与核心技能决定着核心素养的培养成功与否。

1. 什么是核心知识

要培养核心素养，就要净化知识，从而找到学生应该学的核心知识。而要净化知识，就要清楚何为核心知识及其重要性。

（1）知识与知识的类型。

"知识就是力量"，无论是对个人发展还是对社会进步而言，知识均具有重要的作用。它是构成人类智慧的最根本的因素，是使人获得财富的力量，是使人变得高尚的动力，是使生活充满阳光的源泉。它会让人冲破重重困难，最终走向成功；它会使一个民族变得优秀而强大，它能让一个国家变得繁荣富强。由此可见知识的重要性。那么何为知识？它包括哪些种类呢？

关于知识的定义，至今没有定论。通常人们认为，知识是人类在实践中认识客观世界（包括人类自身）的成果，是人类从各种途径获得的经过提升、总结与凝练的系统的认识，包括对事实、信息的描述或在教育和实践中获得的技能。教育心理学认为，知识是个体通过与环境相互作用后获得的信息。被教育领域所较为广泛接受的知识分类是四分法，即知识分为陈述性知识、程序性知识与策略性知识、元认知知识。

陈述性知识是描述客观事物的特点及关系的知识，也称为描述性知识，主要包括三种不同水平（符号表征、概念、命题）。其中，符号表征是最简单的陈述性知识，就是指代表一定事物的符号，如学生所学习的英语单词的词形、数学中的数字、物理公式中的符号和化学元素符号等。概念是对一类事物本质特征的反映，是较为复杂的陈述性知识。命题是对事物之间关系的陈述，是复杂的陈述性知识，包括非概括性命题（只表示两个以上的特殊事物之间的关系）和概括性命题（表示若干事物之间的关系）。

程序性知识是一套关于办事的操作步骤的知识，也称操作性知识，主要用来解决"做什么"和"如何做"的问题，用来进行操作和实践。

策略性知识是一种较为特殊的程序性知识，是关于认识活动的方法和技巧的知识，如关于如何有效记忆、如何明确解决问题的思维方向等。

元认知知识就是有关认知的知识，即人们对于什么因素影响人的认知活动的过程与结果、这些因素是如何起作用的、它们之间又是怎样相互作用的等问题的认识。这些知识一般储存在个体的长时记忆中，具有比较稳定的特点，以意识化和非意识化的方式对认知活动施以影响。

（2）知识结构及其特点。

一把沙子抓不住，一使劲儿就散了。但是沙子里混入水泥和石块，用水搅拌，这些材料之间形成紧密的结构，散乱的沙子就可以建起高楼。知识也是如此，倘若不能形成结构，那么知识就不会成为一种力量，也就不容易提取，更谈不上灵活应用了。由此可见知识结构的重要性。那么何为知识结构？知识结构是指一个人经过专门学习与培训后所拥有的知识体系的构成情况与结合方式。简言之，就是在知识点和知识量之间构架使它们相通的桥梁，使之形成稳定的架构。它具有如下特点。

一是整体性。任何事物均为有机的整体，知识结构也如此。组成知识结构整体的各部分之间相互依赖、相互联系、相互作用、相互制约，从而体现其整体性优势。

二是异动性。知识本身处在发展变化中，知识结构本身也是发展变化的、动态的，是伴随着社会的发展而发展变化的，是随着社会的进步、科学技术的日新月异而不断根据社会的需要进行调整、充实、提高，这决定了它的异动性。

三是有序性。知识结构是按从低到高、从核心到外围的层次结成的。其中从低到高是指从基础知识到专业技术知识（直至前沿科技知识），要求知识由浅入深地积累并逐步提高。从核心到外围是指在核心知识确立的情况下，将那些与核心知识有关的知识紧密地联系在一起，构成一个合理的知识结构，突出核心知识的中心作用。这种有序性保证了知识结构的整齐而不混乱，确保知识的主次区分，从而得以发挥知识结构的整体作用。

（3）合理的知识结构。

知识结构包括合理和不合理两种。合理的知识结构，就是既有精深的专门知识，又有广博的知识面，具有事业发展实际需要的最合理、最优化的知识体系，是个人成长的基础。这种知识结构具有如下特点。

一是整体性。意即合理的知识结构应该是专博相济、一专多通，广采百家之长为我所用的。二是层次性，即合理的知识结构必须是从低到高，在纵向联系中划分出基础层次、中间层次和最高层次，基础层次为较高层次打下基础，较高层次体现出知识结构的水平。三是比例性，即各种知识在顾全大局的同时，依据培养目标，在数量和质量之间合理配比，从而形成不同方向的不同的知识结构组成。四是动态性，即合理的知识结构是不断进行自我调节的动态结构，从而适应科技发展知识更新、研究探索新的课题和领域、职业和工作变动等因素的需要，进而跟上飞速发展的时代步伐。

（4）常见的人才知识结构。

人才成长离不开教育，教育是一个人成才的基础，也是建立现代知识结构的重要途径。从人才成长的规律来看，人才的知识结构一般主要包括以下三种模式。

一是宝塔型。顾名思义，这种知识结构形如宝塔，由上到下包括基本理论和基础知识、专业基础知识、专业知识、学科知识和学科前沿知识。这种知识结构的特点是强调基本理论、基础知识的宽厚扎实和专业知识的精深，可以将所具备的知识集中于主攻目标上，有利于迅速接通学科前沿。这种知识结构一般是创新型人才所具有的知识结构。

二是蜘蛛网型。顾名思义，这种知识结构如同蜘蛛网一般交错相交。这种知识结构是个体以自己的专业知识作为一个"中心点"，以与其相近的、作用较大的知识作为网络的"纽结"，相互联结形成一个适应性较强的、能够在较大范围内纵横驰骋的知识网。这种知识结构的特点在于知识广度与深度的统一，是复合型人才的知识结构。

三是幕帘型。这种知识结构是指一个具体的社会组织对其组织成员在知识结构上有一个总的要求，而作为该组织的个体成员，将依其在组织中所处的层次，在知识结构上又存在一些差异。这种知识结构强调个体知识结构与组织整体知识结构的有机结合。

四是 T 型。这种知识结构是宽广的知识面与某一狭窄领域前沿知识的结合，宽广的知识面保证了人才具有广阔的视野，思考问题思路开阔，能够运用不同领域的基本知识和基本原理，而某领域的前沿知识保障了人才能够进入这一领域的前沿，对非常专业的问题进行深入探索，早出结果。

（5）核心知识及其重要性。

社会的发展证明，知识已经成为经济发展和社会转型中最重要的因素。与此同时，伴随着互联网的出现，知识的积累和生产量表现出几何级数的增长速度，呈现出"爆炸"的趋势。因此，关于知识的价值这一问题成为众多教育者要思考的问题。为此，美国的赫希教授努力倡导并发展"核心知识基础"的教育改革。那么，何为核心知识？它包括哪些内容呢？它又具有怎样的重要性呢？

由上面介绍的知识结构的四种类型可以发现，任何一个知识结构中都必定有一种起着关键作用、引领作用的知识，这种知识就是核心知识。而核心知识究竟指的是哪些知识呢？在上面关于知识的分类体系中我们提到了知识的分类，核心知识就是指陈述性知识中最有迁移性的概念性知识（例如语文中的字词，数学中的概念和定理等）、程序性知识（如查字典的过程，实验的操作过程等）以及元认知知识中有助于指导学习者进行自我程序与策略建构的基础性知识（如各学科的学习方法、解决问题的方法等）。

明确了核心知识的范围，那么，倘若再细加观察，我们还会发现，提到核心知识，必定要与其所属领域紧密相连。由此可知核心知识的重要性。

首先，核心知识架构起个人知识的结构，起到中枢的作用。从知识结构来看，核心知识是知识结构的中心，倘若没有核心知识的存在，知识结构就是一盘散沙，就不会形成系统，进而对个人的能力提升发挥作用。

其次，核心知识影响着个人事业的成功与否。华裔科学家李政道博士说："我是学物理的，不过我不专看物理书，还喜欢看杂七杂八的书。人们认为：在年轻的时候，杂七杂八的书多看一些，头脑就能比较灵活。"这句话道出了一个人要获得成功，就要不断改变自己单一的知识结构。而要改变单一的知识结构，就需要在核心知识的引领下丰富知识结构。而核心知识决定着一个人要有丰富的知识内容以及相应的比例，进而影响着个人事业的成功。

最后，核心知识在思维的发展上发挥着决定作用。知识运用于工作或生活中，方能发挥其巨大的作用。而要让知识发挥作用，思维能力就起着至关重要的作用。当思维能力获得核心知识的影响和支持，一个人就可以做出科学的决策，进而发挥决断作用。

2. 什么是核心能力

要了解核心能力，我们还需要从能力的概念及其类型入手，如此方能深入理解核心能力及其类型。

（1）能力及其类型。

能力是完成一项任务所体现出来的综合素质，是直接影响活动效率，并使活动顺利完成的个性心理特征。能力总是和人完成一定的实践联系在一起的，因此不同的人在完成活动时表现出来的能力有所不同。依据能力的概念界定，其可以划分为以下类型。

一是一般能力，也称智力，它是个体在进行各种活动中所必须具备的基本能力，包括个体在认识活动中所必须具备的各种能力，如感知能力（观察力）、记忆力、想象力、思维能力、注意力等，其中抽象思维能力是核心，因为抽象思维能力支配着智力的诸多因素，并制约着能力发展的水平。这一能力保证个体有效地认识世界。

二是特殊能力，也称专门能力，它是个体顺利完成某种专门活动所必备的能力，如音乐能力、绘画能力、数学能力、运动能力等。每一种特殊能力都有自己的独特结构。例如能成为音乐家的人，必定在音乐能力方面有自己的独特结构，即其音乐感知能力、音乐记忆和想象能力、音乐情感能力、音乐动作能力要素的组合方式比一般人要独特。

三是可迁移技能，即那些能够从一份工作中转移运用到另一份工作中的、可以用来完成许多类型工作的技能。换言之，就是在工作或学习过程中，个体会在自己已经具有的知识经验和认知结构上，在已经获得的动作技能、习得的态度等基础上，进行新的学习或工作，从而对原有知识经验、技能和态度甚至学习策略进行相应的提升和修改，并将其运用于新的学习或工作之中。

在前三种能力之中，一般能力和特殊能力之间相互关联，一般能力的发展为特殊能力的发展提供了更好的内部条件，特殊能力的发展也会积极地促进一般能力的发展。一方面，一般能力在某种特殊活动领域得到特别发展时，就可能成为特殊能力的重要组成部分。比如人的一般听觉能力既存在于音乐能力之中，也存在于言语能力之中，言语表达能力的发展与听觉的一般能力的发展密不可分。另一方面，个体在发展特殊能力的同时，也发展了一般能力。比如观察能力属于一般能力，但在画家的身上，由于绘画能力的特殊发展，对事物一般的观察力也相应增强起来。总之，一般能力与观察能力在个体完成某种活动时经常共同发挥作用，常需要一般能力和特殊能力的共同参与。

（2）核心能力与核心能力的种类。

由以上对能力类型的划分可以获知，能力的种类繁多。但于个人而言，所有的能力中必定有那些在长期学习过程形成的独特的、更为系统的、令其他人无法模仿的能力。这些能力就是核心能力。作为个体在工作和生活上取得成功所必需的基本能力，它可以让一个人自信和成功地展示自己并根据具体情况加以选择和应用。

就其类型来看，对核心能力可从两个方面思考：一是从能力类型上看，二是从能力的发展上看。2017 年 9 月，中共中央办公厅、国务院办公厅印发《关于深化教育体制机制改革的意见》（简称《意见》）。《意见》明确提出，要注重培养支撑终身发展，适应时代要求的关键能力。下面，我们结合《意见》，简单指明其中包括的四个关键领域的核心能力。

一是认知能力，要引导学生具备独立思考、逻辑推理、信息加工、学会学习、语言表达和文字写作的素养，养成终身学习的意识和能力。

二是合作能力，要引导学生学会处理好个人与社会的关系，遵守和履行道德准则和行为规范。

三是创新能力，要激发学生的好奇心、想象力和创新思维，使其养成创新人格，鼓励学生勇于探索、大胆尝试、创新创造。

四是职业能力，让学生践行知行合一，积极动手实践和解决实际问题。

这四项关键能力，将是今后很长一段时间内中国基础教育改革与发展的核心，也是青少年学生要培养的核心能力。

（3）核心能力的特点。

核心能力，除了被称为"关键能力"之外，还被称为"基础能力""软技能"或"共同能力"。这些名称点明了核心能力的重要性，也说明了其特点。

一是可培养性。核心能力不是人天生就具备的，而是后天培养和训练而成的，如果通过可行的方法培养训练就会取得较大成功。比如与人交流的能力，虽然说其与天生性格倾向有关，但个人后天的努力学习和勤于实践一样可以弥补其天生的不足，可以达到获得与人交流交际的技能的目的。

二是普遍性与适用性。核心能力与专业能力不同。它是每一个行业、任何职业都需要的能力，它不仅辐射到个人职业领域，也影响人的终身成就与发展。它重视表现的结果，因此区别于一般行为，其显现行为能有效解决问题或达成任务目标。

三是迁移性，核心能力可以随着个人事业的转换而成功迁移，成为个人所具有的能力的一部分。在一个人具备了从事某项工作所需的核心能力之后，这些能力便会储存于其脑海中，转化成其行为，在工作时自然运用到实践当中。由此可见，核心能力强调实践的意义，即个人或团体能否将习得的知识、方法与技能加以适当应用。

四是综合性与差异性。核心能力是知识、技能与态度的组合或综合表现,并非某一方面的知识、技能,同时,核心能力存在不同的类型,而这些不同类型之间存在着差异,不同的能力承担着不同的功能,个体在不同的工作情境或任务要求下需要不同的能力表现。

(4)核心能力的重要性。

学生核心能力的培养是教育发展的重要趋势,具有十分重要的作用,表现在以下几个方面。

一是社会发展对学生成长的客观要求。20世纪末出现的一场波及全球的新技术革命,改变了各国社会经济发展的格局和速度,也从根本上影响着社会职业结构和就业方式的变化。一方面大批新职业以超出人们想象的形式和速度出现在社会生产和生活之中;另一方面现代职业的工作方式发生了根本变化,终身职业开始消失,工作流动性加快。职业发展的变化决定了一个学生要想在未来成功地应对职业挑战,就要提升自己的核心能力,从而提升自己的竞争力。

二是学生可持续发展的重要保障。越来越多的人才成长经历告诉我们,可持续发展、终身学习和成长是一个人事业成功、生活幸福的重要保障。因此,于学生而言,具备了较强的核心能力,就可以让其尽快适应未来社会和发展的需要,更好地与人交流合作,在新的环境中学会更好地处理问题,调整自我,获得个人新的发展。

总之,核心能力是学生成长过程中必须提升的能力,可以帮助他们在未来的社会发展中具备较强的竞争力,提升其综合素质,从而使其更好地明确自己的发展目标,为其获得满意的工作和幸福的生活奠定基础。

3.核心素养的再认识

随着社会的发展和时代的变迁,人们的能力在逐渐发展,那种建立于传统教育之上的以知识与技能为目标的能力衡量标准,越来越不符合时代的发展,也越来越暴露出其局限性,无法将时代对个体学习结果的期待与要求表现出来。于是,基础的知识技能目标在教育目标中逐渐发展为"掌握核心内容,培养态度倾向,运用整合推理",或"知识、能力和态度与情感"的整合统一,这就产生了素养的概念。而为了把握好教育中的"基础",在素养这一概念中将"核心素养""关键素养"加以强调,这成为教育改革的起点。

关于核心素养的定义，在本书"专题一"我们已经介绍过。在此，我们进一步对其加以介绍和强调。核心素养是一个动态发展的，整合了知识、技能和情感、态度与价值观的集合概念，专指那些一经习得就与个体生活、生命息息相关，密不可分的，具备较高稳定性，或许会伴随个体一生的素养。其表现于个体生命品质和气质的变化与提升。

前边我们介绍了中国学生发展核心素养，倘若对前边提到的核心素养加以分析，我们就可以发现，这些核心素养可以归结为学习素养和关系素养两个核心。其具体内容，我们会在后面详细展开。

三、核心基础要素之间的关系

由上面的阐述可知，核心基础的三个要素彼此之间不是并列的关系，而是相互交融、相互促进、相互影响的关系，其中，核心知识的掌握受核心能力形成的影响，因为个体在获取、整合和运用知识的过程中形成了实践与创新等各种能力，核心能力的形成与提升也必定是在掌握知识的基础上实现的，没有核心知识和核心能力的奠基，个体发展核心素养的养成也只能是一句空话。但是，必须说明的是，由于知识的掌握和能力培养、素养养成之间并非简单的正向关系，所以个体在实际工作和学习中一定要摆正此三者之间的关系。

主题2　核心技术及其特点

要培养核心素养，除了要注意从教和学两个角度抓好核心基础，还要注意从教的角度提升核心技术，这是核心素养培养的保证。

一、核心技术及其特点

核心技术又可分为技术核心和设计核心。从科技发展层面而言，技术核心是在确定技术路线情况下支撑产品实现的技术选择中的关键部分,完成这条思路的技术和工艺就是核心技术。推而广之,核心技术就是对于某项工程或设计的发展起着决定性作用的技术。因此,核心技术具有如下特点。

1.决定性

无论就哪一个领域而言,核心技术均可以决定该领域的发展前景。于企业发展而言,核心技术甚至决定着企业的生死存亡。因为,就此角度而言,核心技术具有决定性。

2.不可复制性

核心技术是可以解决重大问题的技术,其必定具有自己的独特之处,而这一技术的研发需要大投入、长周期和高代价,这就决定了它具有不可复制性。

二、群策群力,提升核心技术

核心素养的培养,需要国家和社会的共同努力。而要培养青少年学生的核心素养,除了国家政策的支持,还需要学校及时积极行动,寻找核心素养落地的力量,即提升核心技术。

1.学校的改革,提升核心技术

核心素养培养这一问题,无论是对于国家、民族还是个人均有着积极的作用。因此,相关教育部门,尤其是学校,在充分认识其重要性的前提下,开始积极行动起来。而要培养学生的核心素养,就要为这一行动创设良好的条件,提升培养核心素养的技术力量(即核心技术)。因此,学校要结合国家相关文件的要求,组织相关力量参与到核心素养培养的研制过程中去,积极进行教学改革,在核心素养落地的同时,培养可以执行这一任务的力量——教师。

(1)学校要引领教师学习,让核心素养培养的观念深入教师心中。

学校要明确地认识到核心素养不只是高层领导和专家学者们的事,更是学校的事情,从而为核心素养的培养提供师资力量。

【案例】

为了贯彻对学生核心素养的培养,清华附小在"国家标准"的基础上,从学校的历史文化传统出发，瞻望未来，确立了核心素养的校本表达，即"天下情怀、身心健康、诚志于学、审美情趣、学会改变"等。于是在校本化表达的统领下，核心素养培养又走进了发展的新阶段。重庆巴蜀小学面对核心素养培养，组织教师进行思考和研究，"寻找核心素养落地的力量"，提升学生的学习力、思考力和创造力。江苏吴江实验小学响应教育部的号召，积极研究"学科关键能力"，并将之作为学科核心素养研究框架中重要的一个部分，以学科关键能力带动学科核心素养，进而促进学生发展核心素养，把核心素养真正落实到课程、教学中去。

（2）学校积极进行任务的转化。

所谓转化，一是指以核心素养统领、引领、深领学校课程改革与建设，以素养为导向推动课改的深入。与此同时，学校以核心素养为目标、为依据，组织所有课程的教学与学习，积极开发校本课程。

（3）以核心素养为导向，进行教学研究与反思。

核心素养的培养绝不意味着仅仅是校本课程的开发和教学方式的变革，同时还需要以核心素养为目标、为依据进行深度反思，研究并逐步解决核心素养培养中出现的深层次问题，从形式走向内核，从方法走向理念，将"人"永远置于课程的正中央。

2. 教师核心技术的提升

核心素养的培养需要教师引导学生完成。因此教师的教学理念、专业能力和教学技能起着相当重要的作用。尤其是要培养学生的核心技术，要求教师要具备核心技术。为此，教师要在学校创办的校本课程中，积极提升自己，转变理念，自觉研究、自觉对照，自觉调整和改进课程、教学。

（1）教师要深度理解核心素养，明确核心素养培养的目的与要求。

教师要认识到，核心素养的培养，就如同爱因斯坦在美国高等教育300周年纪念会上的演讲《论教育》中所说的："如果人们忘掉了他们在学校里所学到的每一样东西，那么留下来的就是教育。"这里所谓的"忘掉的"是具体的知识内容等，而"留下来的"则是核心素养。"留下来的"越多，经过积累、叠加、沉淀、转化，则核心素养越来越鲜明，越来越稳定，越来越丰厚。

（2）教师要认识到依据核心素养的培养分清教学的主次与轻重的重要性。

教学中，教师要特别关注究竟哪些是应该留下来的，透过知识究竟让学生看到什么。此外，教师还要认识到，核心素养的培养就是"给学生带得走的能力"，明确"带得走"与"留下来"是相互关联的两个概念，"留下来"是沉淀下来，"带得走"是伴随学习者的未来，是能力的运用和进一步创造。

（3）教师要认识到核心素养的培养是对中国传统文化的继承。

如果把核心素养与中华文化传统再连接，那么核心素养就是智慧，诚如孔子所说："知者乐水，仁者乐山。知者动，仁者静。知者乐，仁者寿。"智与仁的统一，意味着能力与品格的统一，此即核心素养。因此，核心素养的智慧，就是道德、品格的结合，就是促进学生智慧的增长，使之成为智者。

主题3　落实核心素养的培养

核心基础是奠定个体健康成长与终身发展所必需的内涵知识、能力、素养的基础性元素，是指引基础教育改革方向的新目标体系，是超越了传统知识取向、能力取向和道德取向的核心元素。为此，要落实核心素养的培养就要抓好核心基础。为此，学校和教师要注意做好以下几点。

一、清楚核心知识的关联性

要培养核心素养，首先就要明确地理解核心素养，而要把握核心素养中核心基础的内涵，首先就要清楚核心知识之间的关联。

【案例】

小丽去电影院看电影。她来到电影院，购买了票，然后进场，坐下来观看影片，看完后退场回家。这一过程就包括了陈述性知识、程序性知识和策略性知识。其中，属于陈述性知识的有看电影的图式或脚本，即去影院、购票、进场、观看影片、退场等步骤；属于程序性知识的有"购票"的产生式系统。而购票过程中是找熟人代买，还是自己排队或插队买票等，都是购票的策略，属于策略性知识。

由这一过程可知，三种核心知识（陈述性知识、程序性知识和策略性知识）之间存在着一定的联系与区别。那么此三者之间的区别和联系是什么呢？

陈述性知识	程序性知识	策略性知识
是什么	怎么做	怎么做
相对静态	动态的操作	动态的操作
提取速度较慢	速度较快，自动执行	速度可快可慢，与具体的事例相关
"陈述"或"告诉"	对行为的观察	对问题的观察与处理

1. 程序性知识和陈述性知识的联系与区别

就相同点而言，程序性知识和陈述性知识在人的长时记忆中表征的特征虽然完全不同，但两种表征方式均立足于使知识既能在长时记忆中得到经济的表征，又能在有限的工作记忆容量中被灵活地使用。

就区别点而言，由上表可知，从输入和输出来看，陈述性知识是相对静止的，输入与输出的内容一样；程序性知识是动态的，输入和输出的知识明显不同，输出的知识是对输入的知识的发展或加工。就储存形式来看，陈述性知识主要以命题、命题网络及图示的形式储存，程序性知识主要以产生式和产生式系统的形式储存。从激活和提取来看，陈述性知识提取速度慢，常常是一个有意识的搜寻过程，而程序性知识激活速度快，并且能相互激活。从学习与遗忘的速度来看，陈述性知识学得快，忘得也快；程序性知识学得慢，忘得也慢。从测量角度来看，陈述性知识可以通过"陈述"或"告诉"的方式测量，程序性知识则一般通过观察的行为间接测量。

2. 陈述性知识与策略性知识的区别

与陈述性知识相比，策略性知识同样是一种知识运用的能力。而与程序性知识相比，策略性知识是在陈述性知识（概念和规则）掌握的基础上，将陈述性知识（概念和规则）运用于与原先的学习和练习相似或不同的情景中。但这种陈述性知识（概念和规则）的运用是一种对内调控的技能，是个人调控自己的认识活动以提高认知操作水平的能力。

明确了核心知识这三者的关系，教师才能在培养学生核心素养的目标要求指引下，有侧重地提升个人的核心知识，采用科学的方法对学生进行教学，抓住教学中知识传授的侧重点。

二、把握核心能力的重点

知识的学习与掌握重在提升的是个体的能力，因此在清楚了核心知识的前提下，要培养核心素养，还要注意把握核心能力的重点。我们了解了核心能力的相关类型以及《意见》中指明的四个关键领域的核心能力，但是从对教育现状的反思以及认知发展规律的研究中我们可以发现，事实上"核心基础"之核心能力可以归结为思维能力与问题解决能力。

1.思维能力

思维能力是核心能力的核心。而要了解这种能力，就要提前了解思维。思维是个体在工作、学习、生活中遇到问题时的思考。它是通过分析、综合、概括、抽象、比较、具体化和系统化等一系列过程，对感性材料进行加工并转化为理性认识及解决问题的。

思维能力的基本形式是概念、判断和推理，其内涵包括理解力、分析力、综合力、比较力、概括力、抽象力、推理力、论证力、判断力等能力。作为整个智慧的核心，思维能力参与、支配着一切智力活动。思维能力是学习能力的核心，无论是个体的学习活动，还是人类的一切发明创造活动，均离不开思维。因此培养智慧的根本就是提升思维能力，其中创造性思维和想象性思维的培养是思维能力培养的核心。

创造性思维是以感知、记忆、思考、联想、理解等能力为基础，以综合性、探索性和求新性为特征的高级心理活动。这一思维能力要经过长期的知识积累、素质磨砺才能具备，其培养具有重要的意义。首先，它可以不断增加知识的总量；其次，它可以使学习个体不断提高认识能力；最后，它可以为实践活动开辟新的局面，在获得成功的同时激励个体或集体进一步进行创造性思维。因此著名数学家华罗庚强调："'人'之可贵在于能创造性地思维。"

想象性思维是人脑通过形象化的概括，对脑内已有的记忆表象进行加工、改造或重组的思维活动。它可以说是形象思维的具体化，是人脑借助表象进行加工操作的最主要形式，是人类进行创新及相关活动的重要的思维形式。这一思维能力是创新思维的主干，在人的精神文化生活中的灵魂，在发明创造中起着主导作用。

基础教育阶段的学生正处于思维能力发展（尤其是创造力和想象力发展）和培育的关键期，错过这一关键时期，思维发展不仅会受到限制，甚至可能遭受不可逆转的损失。因此，教师要明确学生思维能力培养的重点，从而在教学中有针对性地进行教学。

2. 问题解决能力

问题解决能力是思维能力运作的表征，是思维能力的外化结果，是指人们运用观念、规则、一定的程序方法等对客观问题进行分析并提出解决方案的能力。问题解决能力的强弱不但说明了个体在相关领域内能力的强弱，也表明了个体发展空间的大小。

具备一般问题解决能力的人，表现在能够发现一般的显性问题，能够初步判断，可以简单处理；问题解决能力较强的人，可以在自己熟悉的领域或范围内较容易地发现隐藏的问题，有一定的发现问题的技巧，具备一定的分析能力，能够根据现象探求解决问题的途径，并找到答案，可以较好解决问题；具备更高层次解决问题的能力，可以更早地发现问题，感知外界对自己的工作或生活所造成的不良状况，从而可以准确预测事情发展过程中的各种问题，并将其消灭在萌芽状态。当然了，他们同时能归纳总结问题发生的规律，可以指导他人提高发现问题的能力。

问题解决能力的高低提醒我们教师，学习的意义和价值就在于解决问题，学习应该以问题为基本线索，所有的学习活动都应该是为了寻找解决问题的途径，包括理论问题和实践问题，而不存在纯粹地为了学习而学习。为此，基础教育阶段的教师要认识到，学生的问题解决能力包括两个方面：一是运用所学知识解决实践问题的能力，二是运用知识创造性地解决问题的能力。为此，教师应当在教学中有针对性地围绕学生这一能力的提升组织教学活动。

三、抓住核心素养培养的"核心"

前面谈过了核心素养的再认识，那么从基础教育的特质出发，教师究竟如何理解中小学生必须养成的素养呢？实际上，于这一阶段的学生而言，学习素养和关系素养是最根本的核心。

1. 学习素养对学生的影响

学习素养包括学习愿望和主动学习的动机、自主学习能力及信息处理能力。在学习素养中，学习兴趣（即学习动机素养）又是核心中的核心。对于义务教育阶段的教育而言，让中小学生奠定良好的学习素养是最重要的任务。这一学习习惯就是培养学生主动学习的动机和愿望，培养学生的学习兴趣。

这一习惯的习得和养成对于学生的发展意义重大。首先，它关系到学生在本阶段的学习能否顺利地过渡到下一个阶段的学习。只有学生充满着对学习的渴望、对更高的知识的好奇，才能在新阶段的学习中，以"渴求知识的热情""浓厚的学习兴趣""质疑的学习精神"去学习，才能虽然满脑子全是知识，却不曾产生厌学的情绪。而这种情绪归根结底就是"会学""愿学""好学"，这就是最好的学习素养。

2. 关系素养对学生的意义

关系素养主要涵盖人格与心理、生理（对自己、对生命）以及品质与品德（对他人、对社会、对自然）两大方面。第一个方面主要是与自身、与生命的关系的素养，要求学生能认识自我、悦纳自我，能自我规划、自我约束和自我调节，有强健的体魄和健康的心理品质。第二个方面主要是指与他人关系的素养，要求学生有团队合作意识和合作能力，有沟通意识和交流能力，有国家认同、国际视野、社会公德、社会责任，能够形成可持续发展观，自觉关心生态与环境保护，等等。

总之，学习素养主要是与自身、与生命关系的素养，关系素养主要是指与他人关系的素养，两方面配合，体现了人发展的基础，也体现了核心素养结构的多层次与多维度，更体现了各种素养之间的交叉影响，共同对个体的发展产生促进作用。因此，这正好说明了本书专题一所谈到的核心素养的特点。教师只有牢牢抓住核心素养这一培养的核心，方能在教学中，立足学生的发展，在教学方法和教学策略上多动脑筋，进而达到培养学生的学习素养和关系素养，提升其核心素养的目的。

四、掌握核心技术的关键

明确了核心素养三个要素培养的关键，那么如何在把握这些关键的基础上培养学生的核心素养，还需要教师把握核心技术。而要掌握核心技术，首先就要清楚核心技术的关键，即净化知识的能力。

1. 正确地理解净化知识

现实生活和工作中，相当多的人博览群书，知之甚多，但由于没能形成核心知识，因而影响其核心素养的培养。这就提醒我们，要培养核心素养，先要从净化知识开始。

何为"净化知识"？所谓净化知识，就是改变"知识主导型"的教育价值目标取向，从根本上打破"知识学得越多越好，知识掌握得越扎实越好"的传统观念，注重关键适应能力的学习。

要注意的是，"净化知识"并非取消知识学习，而是要求从单一的知识学习目标走向多元的核心基础培育，从复杂而有深度的知识学习走向简洁够用的知识学习，从庞杂的知识体系中寻找最核心的知识架构，将那些对个人发展而言不必要的、可能会干扰思维和能力发展的"垃圾知识"清除出去，从注重知识积累结果走向注重学习的过程与能力、素养的提升。换言之，要让学生通过净化知识，减轻负担，为关键知识的学习和能力的发展腾出时间和空间，以便在应用中学习知识，在知识的应用中培养问题解决能力。

2. 净化知识的方法

怎样做到"净化知识"呢？首先教师要明确立足核心素养的培养核心，如此才能确定怎样教，进而为此净化知识。而要净化知识，就需要完成好净化总体的知识体系和净化学科的知识体系这两项任务。

所谓净化总体的知识体系，就是在当前知识爆炸的时代，在大众文化与精英文化、流行文化与古典文化不断冲突的今天，深入把握教育的"核心基础"，降低学习知识的难度、减少知识学习的分量，进而使学生能够放慢知识学习的速度，由此方能促进学生能力和素养的发展和提升。只有做到净化了总体的知识体系，才能消解有限的学习时间和无限增长的知识之间的根本矛盾，进而为提高核心知识的学习效率提供助力。

所谓净化学科的知识体系，就是要进一步厘清学科知识系统中的核心基础。一方面，学科知识系统由于其科学性和严谨性，因而是训练和促进个人思维能力提升的最佳媒介，也为个人提升实践能力提供了学科方面的知识支撑。另一方面，由于学科自身的逻辑特点，不同学科在人的认知和思维发展方面具有不同的优势功能，这就意味着不同的学习科目在奠定基础的功能上亦有所不同。为此，师生在平时的教学或学习中，不能追求大而全或小而全，而要在学科教学时，遵循其所具有的认知和思维发展优势功能，在突出其优势功能的前提下，对于全面性、逻辑缜密性略微忽视或少一些关注与学习。

总之，作为教师，要培养学生的核心素养，就必须清楚地认识到真正核心的知识具有高迁移度，只有真正把握了核心知识、培育了核心能力和良好的学习素养，学生才能够游刃有余地应对考试。而这就要求我们必须掌握核心技术的关键，即清楚核心知识，辨认学生思维和素养发展的关键期。

五、紧扣教育的核心密码

如果说传统的教育思想让我们过分追求知识，进而导致我们远离智慧，那么身为教师，就需要思考基础教育的"基础"的本质究竟是什么。而这也是教育的核心密码。因此，要培养核心素养，身处义务教育阶段的教师，在从教的同时，就要紧扣教育的核心密码——基础性。

1.基础教育的基础性的内涵及外延

当前，基础教育的"基础"二字的内涵与外延大致存在三种取向：知识取向，强调基础知识的传授，包括基础的人文社会科学知识以及自然科学知识；能力取向，强调基本能力的训练，包括基本的读、写、算能力以及基本的学习能力、实践能力的训练；道德取向，强调基本道德品质的培养，包括最基本的个性品质（如自尊、自信、自强）以及最基本的社会交往道德品质（如宽容、友善和诚信）等的培养。

1977年，在肯尼亚首都内罗毕召开的联合国教科文组织高级教育计划官员讨论会，对基础教育进行了广泛而深入的讨论，指出"基础教育是向每个人提供并为一切人所共有的最低限度的知识、观点、社会准则和经验"的教育。在三年后举行的世界全民教育大会上，基础教育的定位又一次被加以明确，即基础教育的"基础"二字体现为基础知识、基础经验、基本学习需要。在我国，《教育大辞典》中对基础教育的解释为："（基础教育）是对国民实施基本的普通文化知识的教育，是培养公民基本素质的教育，也是为继续升学或就业培训打好基础的教育。"在此，"基础"二字的内涵包含了普通文化知识和公民基本素质。

2. 基础教育的基础性的意义

结合核心素养的培养，上述对基础教育的"基础"二字的理解，都是一种发展和延伸，不曾体现"基础"的最本质特征，即不可或缺性、生长发展性。事实上，"基础"二字理应强调的是最基本、不可或缺、不可过度、留有发展空间和发展余地、可持续性的。只有理解了这些内容，我们才能更好地承担起基础教育阶段对核心素养的培养，才能发挥基础教育作为教育的DNA的作用。

"基础性"作为基础教育的本质，这一特点决定了基础教育阶段的教育不同于高等教育的不同之处。而这一特点也与处于此阶段的学生的特点相联系。可以说，这一阶段的教育就如同生命科学试验中的"培养基"，旨在为处在本阶段的学生在下一个阶段的发展和成长奠定基础，为其提供"够用"但不"过度"肥沃的土壤以及有个性但不失平衡的生态。

为此，义务教育阶段的教师一定要紧扣教育的基础性这一"密码"从教，坚守基础教育的"基础性"，随着时代的变化不断地拓展和丰富"基础性"的内涵，以防教育偏离轨道，形成唯智商论、唯才学论、唯考试论……甚至实施"抢跑教育"。

未来社会发展的关键
——学生发展核心素养

核心素养的提出，就像一枚楔子，首先打破的是人们习以为常的人才观与评价观。人们越来越认识到，"掌握知识不等于就是人才""高分不等于高品质"，核心素养决定着人才的品质。因此，核心素养培养指导下的教育教学，要立足于学生的发展，要面向学生发展核心素养，为未来社会培养创新型人才。

主题1 认识学生发展核心素养

核心素养在我国，其定义为"各学段学生应该具备的适应终身发展和社会发展需要的必备品格和关键能力"。它是关于学生知识、技能、情感、态度、价值观等多方面要求的综合表现，是每一名学生获得成功生活，个人终生发展和社会发展都需要的、不可或缺的共同素养，其发展是一个持续终身的过程。简言之，核心素养就是"知识＋能力＋情商"的集合体，并且超越学科范畴，需要用最新的前沿知识进行不断更新，是一种对学生最有用的基础素养，对一个人当前的格局与发展产生深刻的影响甚至决定作用。这就是学生发展核心素养。

一、学生发展核心素养的内容

学生发展核心素养是教育专家们在全面贯彻党的教育方针、落实立德树人根本任务、全面贯彻落实社会主义核心价值观，把握教育部提出的科学性、时代性、民族性三个原则的基础上所提出的培养全面发展的人的总体育人目标。学生发展核心素养包括了三大领域六个方面，形成了极具层次感的发展性的素养培养目标。让我们借助下页的图一起来看一看。

1.文化基础

文化是人存在的根和魂。文化基础，重在强调学习者能习得人文、科学等各领域的知识和技能，掌握和运用人类优秀智慧成果，涵养内在精神，追求真善美的统一，发展成为有宽厚文化基础、有更高精神追求的人。它包括人文底蕴和科学精神两个方面。

人文底蕴主要是学生在学习、理解、运用人文领域知识和技能等方面所形成

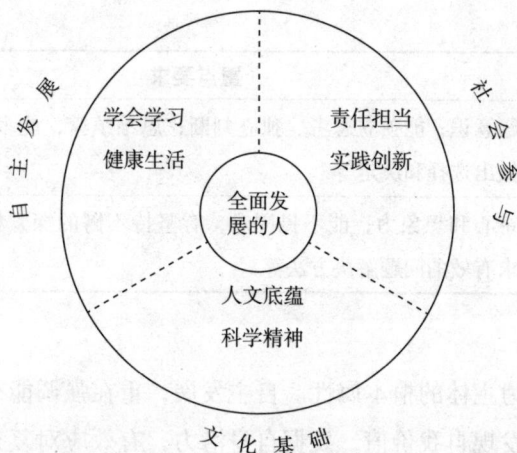

的基本能力、情感态度和价值取向。具体包括人文积淀、人文情怀和审美情趣等基本要点，如下表所示：

具体内容	重点要求
人文积淀	具有古今中外人文领域基本知识和成果的积累；能理解和掌握人文思想中所蕴含的认识方法和实践方法等
人文情怀	具有以人为本的意识，尊重、维护人的尊严和价值；能关切人的生存、发展和幸福等
审美情趣	具有艺术知识、技能与方法的积累；能理解和尊重文化艺术的多样性，具有发现、感知、欣赏、评价美的意识和基本能力；具有健康的审美价值取向；具有艺术表达和创意表现的兴趣和意识，能在生活中拓展和升华美等

科学精神主要是学生在学习、理解、运用科学知识和技能等方面所形成的价值标准、思维方式和行为表现。具体包括理性思维、批判质疑、勇于探究等基本要点。如下表所示：

具体内容	重点要求
理性思维	崇尚真知，能理解和掌握基本的科学原理和方法；尊重事实和证据，有实证意识和严谨的求知态度；逻辑清晰，能运用科学的思维方式认识事物、解决问题、指导行为等

续表

具体内容	重点要求
批判质疑	具有问题意识；能独立思考、独立判断；思维缜密，能多角度、辩证地分析问题，做出选择和决定等
勇于探究	具有好奇心和想象力；能不畏困难，有坚持不懈的探索精神；能大胆尝试，积极寻求有效的问题解决方法等

2. 自主发展

自主性是人作为主体的根本属性。自主发展，重在强调能有效管理自己的学习和生活，认识和发现自我价值，发掘自身潜力，有效应对复杂多变的环境，成就出彩人生，发展成为有明确人生方向、有生活品质的人。它包括学会学习和健康生活两个方面。

学会学习主要是学生在学习意识形成、学习方式方法选择、学习进程评估调控等方面的综合表现，具体包括乐学善学、勤于反思、信息意识等基本要点。如下表所示：

具体内容	重点要求
乐学善学	能正确认识和理解学习的价值，具有积极的学习态度和浓厚的学习兴趣；能养成良好的学习习惯，掌握适合自身的学习方法；能自主学习，具有终身学习的意识和能力等
勤于反思	具有对自己的学习状态进行审视的意识和习惯，善于总结经验；能够根据不同情境和自身实际，选择或调整学习策略和方法等
信息意识	能自觉、有效地获取、评估、鉴别、使用信息；具有数字化生存能力，主动适应"互联网＋"等社会信息化发展趋势；具有网络伦理道德与信息安全意识等

健康生活主要是学生在认识自我、发展身心、规划人生等方面的综合表现。具体包括珍爱生命、健全人格、自我管理等基本要点。如下表所示：

具体内容	重点要求
珍爱生命	理解生命的意义和人生价值；具有安全意识与自我保护能力；掌握适合自身的运动方法和技能，养成健康文明的行为习惯和生活方式等

续表

具体内容	重点要求
健全人格	具有积极的心理品质，自信自爱，坚韧乐观；有自制力，能调节和管理自己的情绪，具有抗挫折能力等
自我管理	能正确认识与评估自我；依据自身个性和潜质选择适合的发展方向；合理分配和使用时间与精力；具有达成目标的持续行动力等

3. 社会参与

社会性是人的本质属性。社会参与，重在强调学生能处理好自我与社会的关系，养成现代公民所必须遵守和履行的道德准则和行为规范，增强社会责任感，提升创新精神和实践能力，促进个人价值实现，推动社会发展进步，发展成为有理想信念、敢于担当的人。它包括责任担当和实践创新两个方面。

责任担当主要是学生在处理与社会、国家、国际等关系方面所形成的情感态度、价值取向和行为方式。具体包括社会责任、国家认同、国际理解等基本要点。如下表所示：

具体内容	重点要求
社会责任	自尊自律，文明礼貌，诚信友善，宽和待人；孝亲敬长，有感恩之心；热心公益和志愿服务，敬业奉献，具有团队意识和互助精神；能主动作为，履职尽责，对自我和他人负责；能明辨是非，具有规则与法治意识，积极履行公民义务，理性行使公民权利；崇尚自由平等，能维护社会公平正义；热爱并尊重自然，具有绿色生活方式和可持续发展理念及行动等
国家认同	具有国家意识，了解国情历史，认同国民身份，能自觉捍卫国家主权、尊严和利益；具有文化自信，尊重中华民族的优秀文明成果，能传播弘扬中华优秀传统文化和社会主义先进文化；了解中国共产党的历史和光荣传统，具有热爱党、拥护党的意识和行动；理解、接受并自觉践行社会主义核心价值观，具有中国特色社会主义共同理想，有为实现中华民族伟大复兴中国梦而不懈奋斗的信念和行动
国际理解	具有全球意识和开放的心态，了解人类文明进程和世界发展动态；能尊重世界多元文化的多样性和差异性，积极参与跨文化交流；关注人类面临的全球性挑战，理解人类命运共同体的内涵与价值等

实践创新主要是学生在日常活动、问题解决、适应挑战等方面所形成的实践能力、创新意识和行为表现。具体包括劳动意识、问题解决、技术应用等基本要点。如下表所示：

具体内容	重点要求
劳动意识	尊重劳动，具有积极的劳动态度和良好的劳动习惯；具有动手操作能力，掌握一定的劳动技能；在主动参加的家务劳动、生产劳动、公益活动和社会实践中，具有改进和创新劳动方式、提高劳动效率的意识；具有通过诚实合法劳动创造成功生活的意识和行动等
问题解决	善于发现和提出问题，有解决问题的兴趣和热情；能依据特定情境和具体条件，选择制订合理的解决方案；具有在复杂环境中行动的能力等
技术运用	理解技术与人类文明的有机联系，具有学习、掌握技术的兴趣和意愿；具有工程思维，能将创意和方案转化为有形物品或对已有物品进行改进与优化等

总之，中国学生发展核心素养以培养"全面发展的人"为核心，由文化基础、自主发展、社会参与三个方面为纲，以人文底蕴、科学精神、学会学习、健康生活、责任担当、实践创新 6 大素养为目，具体细化为国家认同等 18 个基本要点。

二、学生发展核心素养的内涵

对于教育发展而言，核心素养是学生在接受相应学段教育的过程中逐步形成的适应个人终生发展和社会发展的必备品格和关键能力，它是关于学生知识、技能、情感、态度与价值观等多方面要求的结合体。它指向过程，关注学生在其培养过程中的体悟，因此成为学生发展的核心素养。作为学生应该具备的适应其终身发展和社会发展需要的必备品格和关键能力，学生发展核心素养的内涵可以从两个维度来加以理解。

1.核心素养体现的是学生必须具备的适应其终身发展需要的必备品格和关键能力

这是从学生自身发展的素质需求提出的，因此具有个体性质。这一提法是有心理学理论依据的。心理学研究表明，一个人在其童年期（小学阶段）和青少年或青春期（中学阶段），无论在生理上（身）还是在心理上（心），处在迅速成长发展的阶段。一个人学习习惯的养成、优良品格地树立、一些关键能力的发展，都是在中小学阶段完成的。在这个阶段中存在认知发展的关键期。皮亚杰把智力或思维发展分为感知运动阶段、前运算阶段、具体运算阶段和形式运算阶段，各个阶段都有其独特的结构，按从低到高的秩序发展。朱智贤、林崇德等一大批中国学者的相关研究也表明，学生的思维发展是由小学到中学不断发展变化的，是从形象思维到抽象思维的发展过程，是思维发展由不成熟到成熟的过程。研究表明，学生在整个小学阶段，其思维从具体形象思维过渡到抽象逻辑思维的过程，是思维发展中的飞跃或质变。小学四年级是学生思维发展的一个关键期，从四年级开始，小学生逐步具备了人类思维的完整结构，但这一思维结构尚存在进一步完善和发展的空间，因此表现出不平衡性的特点。到了中学阶段，学生的抽象逻辑思维的发展进入了关键期和成熟期，但其智力和能力发展同样存在不平衡性。

总之，以上心理学研究说明，对于一个人的成长而言，中小学阶段的学习相当重要。在这一阶段，一个人会习得其一生发展中所必备的大多数品格和关键能力。

2. 核心素养是指学生应具备的适应社会发展需要的必备品格和关键能力

这是从学生适应社会发展的素质要求的角度出发而提出的，因此具有社会性质。在人类社会发展历程中，为了适应时代的发展，不同的社会对公民的素质提出不同的要求。农业社会偏重于公民的体魄素质，工业社会侧重于公民某一突出的专项技能，到了如今的信息社会则要求公民具备一定的信息应用和处理技能，即要求公民综合能力的发展。这是因为，在当今信息化社会，知识的生产成为主要的生产形式，信息化体现出智能化、电子化、全球化和非群体化特征，使社会各个领域发生全面而深刻的变革。它同时深刻影响物质文明和精神文明，已成为经济发展的主要牵引力。在信息社会里，知识起主要作用，价值增长是借助于知识创新体现的。因此，教育的目标也要与时俱进，为适应信息化社会的需求，应将培养复合型和创新型人才作为教育培养的目标。这种新型的人才规格，就知识结构而言，理应是较宽知识结构和精深专业知识的统一；就意志品质而言，则应该是创新精神和求实态度的统一；在综合能力方面，应当是自主创新能力和团结合作能力兼具。

三、学生发展核心素养的培养原则

教育是人类社会特有的文化现象，它以人为对象和核心，立足于人，促进人的全面发展。这种人的社会化决定了人的发展要适应社会的发展需求。因此，从这一角度而言，学生发展核心素养体现了将学生看作社会的人，培养其必备的品格和能力的要求。因此，在学生发展核心素养培养过程中要注意遵循以下原则。

1.科学性原则

所谓科学性，就是在培养学生发展核心素养的过程中，要以人的全面发展为出发点，基于学生身心发展规律和教育教学实践活动规律，采用科学的手段和方法，进行核心素养指标的遴选与界定，确保研究过程的严谨性和系统性。

2.时代性原则

学生发展核心素养的培养，充分反映了新时期经济社会发展对人才培养的新要求，全面体现了先进的教育思想和教育理念，确保研究成果与时俱进和具有前瞻性，因此在对学生进行核心素养培养的过程中，要注意面向未来，反映时代发展需求，体现新时期社会对人才的新要求。

3.民族性原则

学生发展核心素养的培养，要强调对传统文化的传承与发展，要将对学生发展核心素养的培养立足于传统历史文化的土壤中。中华文明源远流长，在丰富的传统文化思想以及独具特色的传统教育体系中，都蕴含诸多对人才培养和教育的思考。与此同时，学生发展核心素养的培养还要注意落实社会主义核心价值观的基本要求，充分考虑我国的国情特色，突出强调社会责任和国家认同，充分体现民族特点，确保在对中华优秀传统文化进行继承与创新的同时，立足我国国情，体现中国特色。

主题2　学生发展核心素养的培养渠道

学生发展核心素养的培养应遵循科学的教育方针，旨在为未来社会发展提供综合性人才，因此其重点关注学生的品格和能力。因此，在学生发展核心素养培养这一问题上就要注意选择适合我国国情的、具有中国特色的培养渠道。

一、在传统文化教育中发掘学生发展核心素养

中国传统文化蕴含着丰富的培育学生核心素养的教育理念、教学素材和教授方法，使得传统文化教育在培养学生发展核心素养方面，有着独特的优势和丰富的经验，能够切实熔铸学生心性，有助于学生完善人格和发展自我。为此，教师可以借助于传统文化教育，从中挖掘学生发展核心素养，对学生进行引导和培养。

1. 在传统文化经典作品阅读中培养学生发展核心素养

传统文化教育包含丰富、多元的教学内容和常识典故。从提升学生文化素养的角度出发，它可以说是最优质的教育。为此，教师可以针对学生的年龄特点，选取经典文化作品，引导学生阅读感悟，在阅读与讲解中培养学生发展核心素养。比如针对小学低年级学生，教师可以针对中国传统启蒙教材《三字经》《千字文》《声律启蒙》等，字数相对较少，却遣词考究，读来朗朗上口，不仅易于学生接受，而且利于微言大义的彰显的特点，让学生朗读，使之在不知不觉中体悟到汉字的"音、形、义"，感受到文化的"精、气、神"。又比如对中学生，教师可以选取传统文化中的一些经典文章或语句，和学生一起讨论学习，使之获得核心素养的培养与教育。

【案例】

某语文教师在教学李白的《古朗月行》一课时，引导学生搜集其他描写月亮的古诗文，然后针对学生搜集的古诗文，如白居易的《暮江吟》、苏轼的《水调歌头》、李白的《月下独酌》、张若虚的《春江花月夜》等，用多媒体课件的方式向学生展示不同情景下月光的美，鼓励学生主动思考，展开丰富的想象，将自己置身其中，更深地感受诗文描写的意境，同时引导学生体会作者从不同角度描写月亮的独特之处，感受传统文化中文字的魅力，进而增强对祖国语言文字的热爱之情。

2.在传统文化经典作品品析中培养核心能力

在中华传统古典文化作品中，包含着各种方法。这些是经过前人总结和验证的学习策略，不仅可以帮助学生学会学习，形成比较完整的知识结构，而且能为其日后的个人文化修养奠定基础，促使学生养成终身学习的习惯。这些学习方略，并非单纯地讲勤奋的重要性、积累的重要性，更不是简单地讲解如何认字、写字，而是注重在方法的传授中，引导个体体悟和学习。为此，教师可以结合古人对识字、读注、自学、默写、抄写、践行、教师开讲时间等的精辟的见解，引导学生在阅读的过程中品析、学习。如此一来，不仅有利于学生掌握"文理"，而且有助于学生养成良好的写作习惯，即便是对今天的课堂同样非常有效，能够为新时代学习与学力的创造奠定坚实的基础。

【案例】

某教师在教学节选自南宋文学家周密的散文《观潮》的《浙江潮》一课时，引导学生诵读，指导学生从描写的顺序、修辞手法、语言特色几个方面去品析词句，于是学生不但感受到了传统文化经典作品中文字的魅力，而且从中学会了写作的一些方法，并查找关于"浙江之潮自既望以至十八日为最盛"的科学缘由。

3.在传统文化的学习中培养学生发展核心素养

在我国传统文化中，还包括许多生活规范方面的要求，这对于学生良好行为习惯的养成相当重要。同时，一些关于传承的教育，也可以让学生获得启迪，在阅读中思考人生，培养对生命的热爱，培养正确的人生观和价值观。比如"晨必盥，兼漱口；便溺回，辄净手"等朗朗上口的句子就可以对低龄学生施加生活习惯方面潜移默化的影响。"戒奢靡""戒晏起"等家训，则可以让学生明了健康生活的重要性和其带来的益处。

总之，让传统文化教育成为学生发展核心素养培养的渠道，就如同用一把精细的刻刀，在培养学生心性、塑造学生灵魂、养成学生君子人格方面发挥着全面、细致的作用，给学生带去感悟，让学生的灵感被激发，进而实现对学生发展核心素养的培养。

二、从教育的现实中推进学生发展核心素养

学生发展核心素养的提出是为了解决教育目标的问题。回顾我国的教育发展历史，其目标从重视双基到素质教育，从大纲要求到课程标准，这种变化过程体现了教育理念与社会现实的协调发展。如今学生发展核心素养的提出，同样也是由于教育现实和社会发展的影响。因此，要进行学生发展核心素养的培养，就要注意从教育现实出发，推进学生核心素养的培养。

1. 科学认识全面发展教育、综合素质教育和核心素养教育的关系

我国教育改革的发展，经历了全面发展教育、综合素质教育，直到如今的核心素养教育。此三者之间有共性，即均是对学生发展提出的要求；也存在不同之处，即在学生发展的内容和方向上的差异。

全面发展教育针对的是旧式分工造成的体脑分离或片面发展，强调教育要着眼于学生身体和心理的全面发展。综合素质教育针对的是应试教育过于偏向文化知识的学习，强调教育要着眼于学生身体、心理、社会文化素质的综合发展，在发展内容上强调先天和后天的结合、身心和社会文化要求的结合以及发展要素之间的综合关系。核心素养教育针对的是全面发展教育、综合素质教育造成的学生负担过重，强调教育要着眼于适应每个学生个人终身发展和社会发展共同必备的知识、能力和态度的发展。全面发展教育和综合素质教育侧重于学生发展的本体方面，核心素养教育则侧重学生发展的功用方面，突出学生发展的价值选择性和共同性。可以说，三者之间是体和用的关系，要推进学生发展核心素养教育，就要注意科学认识此三者之间的关系。

只有科学地认识全面发展教育、综合素质教育和核心素养教育三者之间的异同，才能在实践过程中同时加以培养而不冲突。教师要认识到，个体身心需要全面发展，也需要综合发展，这是教育的根本。不过，个体身心发展并非为了发展本身，而是将个体引向自我、人类文明、社会生活和宇宙自然，要考虑个体与这些方面打交道必备的知识、技能和态度。个体身心发展要有重点取舍和具体情境导向，即发展学生的核心素养。

全面发展作为教育目的有两种成分：一是为了让学生具有德、智、体、美等方面的素养或素质，二是为了引导学生成为社会主义的建设者和接班人。前一目标涉及学生发展的内容，后一目标涉及学生发展的方向。由此观之，学生发展核心素养是全面发展教育的具体化，是对全面发展教育质量标准和人的规格要求的具体化。由全面发展教育的要求可以看到，培养建设者和接班人是其目标，但关于这些培养目标的要求是笼统的，侧重为国家政治经济建设服务，相对忽视了教育对于个人、群体、社会、自然的责任和价值，窄化了教育的目的，结果这种目标的模糊，造成了人才培养的片面性，而社会经济建设所需要的建设者和接班人理应是具有创新精神和实践能力的人才。同时，伴随着时代的发展，教育目标和人才培养进一步具体化，学生发展核心素养的提出，就将这种教育目标确立为要为学生个人终身发展和社会发展服务，并且把个人发展和社会发展具体分为自主发展、社会参与和文化基础三个维度、六个方面和若干具体发展指标，体现了学生发展的个人本位和社会本位价值取向的统一，体现了个体面对自我、社会、文化等多重环境的需要，能够更全面地体现教育的功能。这是对全面发展教育目的的具体化，就某种程度而言，更是对全面发展教育目的的深化和发展。

总之，应弄清学生发展核心素养与全面发展及综合素质的关系，同时在落实学生发展核心素养教育的过程中，教育的目标不仅着眼于学生身心全面综合发展的内在要求，同时还应考虑到学生面对的自我、社会、自然环境变化方面的要求，从而不断调整学生的身心结构，真正做到为学生未来的幸福生活和美好社会奠基。

2. 科学处理学生发展核心素养与三维目标的关系

依据教育部相关文件，学生发展核心素养是指学生应具备的，能够适应终身发展和社会发展需要的必备品格和关键能力。这一提法，因为其中没提到知识，于是有学者片面地认为核心素养的提出代表着课程目标要从知识本位转到素养本位，把知识和素养对立起来。事实上，这正是没能科学理解学生发展核心素养和三维目标的关系所导致的问题。

事实上，学生发展核心素养是学生为适应个人发展和社会发展所必备的知识、能力和态度。其基本成分包括知识、技能和态度，是三者的综合。教育部在学生发展核心素养相关文件中之所以将核心素养概括为品格和能力，其实并非淡化知识的学习，而是引导人们更新知识观，深入理解知识的作用，进而在知识的学习中培养学生的能力与品格。这正体现了学生发展核心素养与三维目标之间的关系处理问题。

核心素养是对三维目标的传承和超越，这种传承更多地体现在内涵上，这种超越则更多地体现在性质上。作为核心素养主要构成成份的必备品格和关键能力，事实上就是对三维目标的提炼和整合，是将三维目标中的"知识与技能""过程与方法"提炼为能力，把"情感、态度与价值观"提炼为品格，品格和能力形成就代表着三维目标的有机统一。因此，核心素养导向下的教学，要体现学科教学与核心素养培养的融合，教师就要弄清楚核心素养与三维目标的关系。

（1）学生发展核心素养弥补了三维目标在教育本质上的不足。

三维目标是由外在走向内在的中间环节，三维目标里面既有外在的东西又有内在的东西。相对于双基，有关三维目标的理论比较全面和深入，但三维目标依然有不足之处，其一是缺乏对教育本质（即内在性、人本性、整体性和终极性）的关注，其二是缺乏对人的发展内涵（特别是关键的素质要求）进行清晰地描述和科学的界定。而核心素养更多地关注教育的本质和培养什么样的人，因此它弥补了三维目标在此方面的不足，让教师在传授知识的同时，注意学生学科素养的培养，进而达到学科教学与核心素养教育相结合的教育目的。

（2）三维目标是学生发展核心素养形成的要素和途径。

核心素养来自三维目标又高于三维目标。就其形成机制而言，核心素养来自三维目标，是三维目标的进一步提炼与整合，是通过系统的学科学习之后而获得的；就其表现形态而言，学科核心素养又高于三维目标，是个体在知识经济、信息化时代，面对复杂的、不确定的情境时，综合应用各学科的知识、观念与方法解决现实问题所表现出来的关键能力与必备品格。由此可见，三维目标不是教学的终极目标，而能力和品格（即核心素养）才是。

而事实上，知识的传授一直是学校教育活动开展的支点，它与教学活动息息相关，它是教学活动赖以进行的支柱。失去了知识的传授，教学活动就失去了存在的根本。从这个角度来说，教学活动和知识传授是密不可分的。因此，教学活动要长期进行，让学生获得成长和发展，就一定要存在知识的传授。然而，人的发展需求绝不仅仅是知识的需求，诚如生命的存在不仅要有粮食，还要有水一样。因此，教学的根本目的和人的发展的核心内涵就构成了人的发展，即素养提升的内容。简言之，教学活动就成了基于知识，并通过知识的学习来提升人的素养的一种活动。

正是由于学生发展核心素养与三维目标存在着这样的关系，因此教师只有明确了二者之间的关系，才能更深入地明确教学的根本目的，也才能更深切地理解学生学习和教师教学的根本宗旨，让学生发展核心素养的培养在学科教学中贯彻下去。

主题3　学生发展三大核心素养的培养方法

学生发展核心素养，拆开来就是"学生发展"和"核心素养"两个部分，前者修饰并限制后者，强调核心素养的作用，即立足于"学生发展"，帮助"学生发展"，是最关键、最重要、最不可或缺的。而正确的价值观、科学（先进）的思维方式和优秀（良好）的品格（品性）是学生的三大核心素养。因此，在明确学生发展核心素养是未来发展的需要的前提下，我们在学生发展过程中对学生进行三大核心素养的培养。

一、在学生发展中引导其形成科学的价值观

价值观是一个人心灵的风向标。为人之根本就是首先要明确何为有价值的，何为有意义的、好的、对的，何为值得追求的、坚守的、效仿的，从而对事物产生正确的、基本的认识和判断。而价值观的培养，对于学生终生发展而言至关重要，否则学生就会在前进中迷失方向，其个人素养也会产生根本的缺陷。为此，在学生发展核心素养方面要注意对学生进行正确价值观的培养。

1. 全面认识价值观

价值引领的目的是培养学生正确的价值观。从学校教育的角度讲，价值观是关于如何做人做事的观念、准则、规范，它是一个人信念、信仰、理想的基石（内核），决定一个人的精神品性。教师要在教学中对学生进行价值引领，首先就要全面认识价值观。

从价值指向的范围来看，价值可分为人类基本价值、中华民族传统价值和现代社会价值。人类基本价值是为全人类所普遍认可和提倡的价值，如人道关怀、同情感恩、自由平等、公平正义、尊重自然、尊重生命等，虽然不同国家在意识形态、政治理念、社会观念上有着较大差异，但在伦理价值、行为价值特别是善恶区分上却有基本的共识，有着一定的同一性，从而形成人类的基本价值。中华民族优秀传统价值是中华民族在历史发展过程中所积淀下来的积极的、健康的并被全民族共同认可的基本价值原则，如爱国、孝亲、仁爱、勤奋、礼让谦逊、恪守诚信等。现代社会价值是与当代社会经济发展相适应的价值观，如个体独立与自主、社会公正与平等、经济市场化等。

教师要在充分理解各类价值的内涵和意义的基础上，形成和构建符合社会主义核心价值观的价值理解、价值准则，再以鲜明的价值追求和价值立场引领学生、启发学生，帮助学生逐步形成正确的价值观、人生观。

2. 着力提高自身的价值判断能力

在价值多元和社会实践日趋复杂的今天，教师要引领学生做出理性的、正当的、合适的价值选择和价值判断。教师要意识到，教育教学中倘若缺乏理性的观照，缺乏价值判断的基本能力，那么教育对于学生价值观的引领或许就会成为一

种盲从的行为，失去正确的方向，甚至陷入"非价值"或"反价值"的误区。因此，教师要全面正确地理解各种价值并拥有价值判断能力。教师要以自己对做人、做事推崇的价值观都外显或内隐地向学生传递，影响学生价值观的形成。要注意的是，教师对学生的价值引领，一方面要从"正面"的角度进行，即从价值方面进行引导，直接引导学生接受社会认可的主流价值观；另一方面要从"侧面"的角度引导，即进行价值澄清，对学生不正确的、片面的价值观进行澄清。

3. 结合学科教学有机地进行价值引领

学校里的各门学科知识都是学生建立价值观、人生观、世界观的基础，不同学科中蕴含着具体丰富、不尽相同的价值内容及形态。因此，教师可以利用学科教学内容，按照蕴含价值目标的程度进行分类，然后在教学过程中对学生进行价值观的引领。一般来说，教学内容中的价值观可分为三大类。

（1）含有显性价值目标的教学内容，即通过文字材料直接体现出价值目标。我们一起来看一看某政治教师在教学中是如何引导学生树立科学的价值观的。

【案例】

......

记者：4个年轻同窗的生命在你的铁锤下消失了，你对生命有过敬畏感吗？

马：（茫然）没有。没有特别的感受。我对自己都不重视，所以对他人的生命也不重视。

记者：这次为什么选择用杀人的方式发泄？

马：（没有回答）

记者：你是在用沉默来逃避吗？

马：（长长吸了口气）当时我真的迷失方向了，觉得不知道该怎么生活下去了。因为我当时觉得自己做得蛮好，明明不错，别人却觉得我不好，往后不知该怎么做。于是，就有点儿想不开，自己不想活了。又想，我之所以会这样，是他们3个人造成的，就恨他们。

......

记者：你知道李开复吗？微软全球副总裁，他对你有过一句评价：马加爵不应该是一个邪恶的人，而是一个迷失方向、缺乏自信、性格封闭的孩子。他和很多大学生一样，迫切希望知道如何才能获得成功、自信和快乐。这也是你的追求吗？

马：（脱口而出）不是我追求的。所谓追求，是还没有达到的。我认为自己挺自信，不能说追求自信。至于成功，我平时看得挺开的，找工作的事情从不担心。快乐嘛，这有什么，平时也蛮高兴的。

记者：你理解的成功的标志是什么？

马：说不上来，反正也不比别人差。（又想了想）你这样一问，我也觉得自己不怎么成功，没什么特别的。自卑？是某些方面不如人才会自卑。我没有什么方面特别不如人意，只能算是个普通人。不是成功，也不算是失败嘛，这在于一个人的心态。你认为满足就满足，我认为自己平时挺满足的。

记者：事情的发生，改变了你的这些想法？

马：（立刻有些消沉）肯定改变了，是失败了。我觉得没有理想是最大的失败。这几年没什么追求，就是很失败。

记者：这个问题可能很大，但每个人必须给出自己的答案，活着才能有意义。你觉得人生的意义和价值是什么？

马：（抬起头看着记者）活着的价值为自己是有的，但应该更多的是为别人。以前没去想过这些问题，现在意识到了。

记者：知道家里人为什么给你起名"加爵"吗？

马：（笑）名字是我爷爷起的。他那一代还很封建，希望我当官发财。但官和钱不是我的理想。小时候想过当科学家，长大后就没有理想了。

记者：为什么上了大学，有了知识、能力来实现理想时，理想却没了？

马：（晃腿，镣铐声响）不知道。理想这个词，可能在初中就消失了。理想很重要，后来不知道为什么，我成为没有什么理想的人了。

……

记者：如果时间可以倒转，如果人生有重来的机会，你希望自己成为什么样的人？

马：（想了许久）希望自己成为一个献身科学的人，专门搞学问。希望不要那么冲动，有什么心事可以向别人说说。

记者：你愿意通过自身的经历，告诫人们应吸取哪些教训？

马：希望每个人都能宽容别人，应多有社会责任感。这方面很多人做得不够。

问题：从上述案例中，你可以得到哪些启发？我们应该有哪些反思？

这是一位高中政治教师，结合 2004 年 6 月 15 日下午，距离马加爵被执行死刑不足 48 小时，在云南省昆明市第一看守所中，《中国青年报》记者崔丽对他进行独家专访，所进行的关于价值观的教学。从中可以看到学科教学中显性的价值观培养方面的教育。

（2）内隐价值目标的教学内容。

这类内容主要反映客观事实和规律，似乎不含价值因素，但在反映客观现实、揭示客观规律的过程中同样蕴含着价值目标，这就要求教师善于发现教学内容背后的价值因素，把教学内容中内隐的价值因素挖掘出来，形成价值目标。

【案例】

这是《义务教育课程标准实验教科书苏教版·数学》三年级上册的一节课，属于空间和图形的领域。教学过程摘录如下：

师：这些游戏项目的运动方式不太一样，你能给它们分分类吗？

学生重点讨论是分成两类还是三类，也就是滑滑梯和缆车等是否为一类，最终得出结论。学生寻找生活中的例子。

师：生活中哪里还有平移的现象呢？

练习：重点研究平移的方法，学生自己尝试，集体讨论得出科学的方法。

从以上节选的教学实录可以看出，教学内容和教学过程体现了对学生价值观的培养。教师通过引导学生观察、分析、比较、归纳、类比、概括，让他们给生活中不同物体的运动方式进行分类，最终师生在平等的讨论中找到了科学的分类方法。那么在此过程中体现的严谨、平等的数学学习态度，就是一个理性价值追求的过程，在此期间，学生体验到了"自由""平等""快乐""诚实""谦虚"这些核心价值。

（3）本身并未隐含价值目标的教学内容。

对这一类内容的教授，如果教师具有价值教育的意识与能力，就可以通过师生交往、教学组织形式等，在行动中达成价值目标。

【案例】

某小学数学教师讲授时、分、秒的知识，在讲授 1 小时等于 60 分钟、1 分钟等于 60 秒时，要求学生识记相应的换算公式；让学生在认识钟表上所显示的时间的同时，在课堂上引导学生去感觉 1 分钟有多长，60 秒可以做哪些事，比如可以写几个字，可以读几行书，唱一首歌要用几分钟，上一层楼的台阶要几分钟，从家到学校要几分钟。于是学生所学的时间概念就成为他们生活中的一个尺度，可以用来帮助他们计量自己的生活内容，帮助他们安排生活。如此，相关数学知识就成了学生生活中的管理性要素，学生不仅有了时间方面的数学知识，也有了与时间有关的生活感受甚至生命感受，从而影响到他们行动的迟缓与急迫、生活的从容与匆忙。

在这一案例中，这样的学科教学就起到了规范生活甚至启发对生命意义感悟的作用，因而具有了价值观引导的作用。

二、在学生发展中达到对他们思维的启迪

思维方式是一个人脑力劳动（认识活动）的武器（媒介）（管"脑"的）。它是由思维方向、思维品质、思维方法和思维能力等构成的综合体。科学的思维方式决定一个人脑力劳动的水平和质量。针对学生思维启迪这一核心素养的培养，学校教育教学不能只在知识点和能力点、知识和能力的细节上做文章，而要在引导和启迪学生学会正确的思维上下工夫。为此，教师可以从以下几方面入手。

1.明确思维方式的概念及特点

教师要清楚，从认识论角度而言，思维方式可以被看作人的认识定势和认识运行模式的总和；从个体角度而言，思维方式是个体思维层次（深度）、结构（类型）、方向（思路）的综合表现，是一个人认知素质的核心。因此，恰如美国教育学家克罗韦尔所说："教育面临的最大挑战，不是技术，不是资源，不是

责任感，而是……去发现新的思维方法。"因此，教师要明确，生命是一种开放性、生成性的存在，人的思维也应该具有开放性、生成性的特点。这是人的能力不断发展的内在机制。

2.教学过程中注重思维能力的培养

思维一旦模式化、格式化，就不可能有创新，能力发展也就停止了，要将学生科学思维方式的培养提升到奠定学生能力基础、关乎学生人生长远发展的高度来认识。为此，教师可以从以下两方面入手，培养学生的思维能力。

一是从客观性、科学性的角度，注重对学生进行科学精神和客观性思维能力的培养，即培养学生学会用事实、实证、逻辑推理和论证进行思维的能力。在此过程中，教师要注意引导学生，使之明确做事不能凭空猜测、主观臆断，一切以事实为依据，不能有所拘泥和固执，不要自以为是。二是要从主观性、主体性的角度，注重对学生进行批判精神和质疑能力的培养，即培养学生独立、独特个性化、新颖的思维和想象能力。

3.教学方法上强调思维方式的训练

除了在教学过程中用言语和行为影响学生，使之确立科学的思维方式，教师同时还可以从教学的角度对学生进行思维启迪方面的训练。

首先，教师在教学时，要注意积极倡导原生态的教学或学习方式。教师要从根本上改变以知识授受为任务和以"记—练—考"为特征的教学方式、模式，从而解放思维，让学生保持其再思维的作用和含量，将原生态的、核心性的学习还给学生，让学生有更多的机会直接面对原生态的问题情境和文本本身，从而有更多自己原生态的思维介入。

其次，教师要积极倡导有高阶思维的深度教学。教师要认识到，缺少高水平的思维参与和投入，知识学习就永远只能停留在符号知识（表层结构）的学习上，而不能深入知识内涵（深层结构），获得知识的价值和意义，进而使知识和思维能力获得良性循环的发展。思维水平的发展主要包括思维能力的提高、思维品质的提升和科学思维态度的养成。实施深度教学，是实现知识教学的丰富价值，使学生对知识的学习与思维能力实现同步发展的必由之路。深度教学是"超越表层的符号教学，由符号教学走向逻辑教学和意义教学的统一"。也就是说，教师要引导学生超越表层符号知识的学习，进入知识的逻辑形式和意义领域，将符号学习提升为对深层意义的获得，使学生学会思维、学会做人。

最后，教师要注重原生态的问题。一是根据所涉及概念性质的不同，提问可以分为"生活提问"和"逻辑提问"。前者主要是以现实的生活实践为基础，后者则以抽象的逻辑思维为主要方式。教师要清楚，教科书知识本身和课堂教学中学生学习的知识是有根本区别的。教科书的编写主要遵循学科知识体系逻辑，它是从现实生活中抽离出来并加以概括的，更多偏向于"逻辑提问"。为此，教师一方面要从学生的知识学习任务的角度，将学科知识还原并运用于学生的现实生活世界，而非仅仅学习孤立、静止的学科知识内容。另一方面，教师要就原始问题与课本习题进行再加工。原始问题是指对自然界及社会生活、生产中客观存在，能够反映科学概念、规律本质且未被加工的科学现象和事实的描述；而课本习题则是把科学现象和事实经过一定程度抽象后加工出来的练习作业。处理好这二者之间的关系并科学加以利用，可以达到对学生进行思维启迪的目的。

三、在学生发展中实现对其品格的塑造

品格是一个人行为（广义）的表现和为人的形象（管"行"的）。它是一个人素养的直接反映。价值观和思维方式是内隐的，而品格则是外显的。一个人言行粗俗、举止不端、品性不良，缺乏基本的礼貌、礼节、涵养、教养，那么其他一切都失去了意义。由此可见品格塑造的重要性。为此，教师应该对学生进行品格塑造。

1.引导学生深入认识品格的重要性

教师要引导学生认识到，良好的品行和习惯是一个人事业成功的基本条件。衡量一个人是否为"受过教育的人"的根本标准，不在知识，而在美德。所谓美德，除了各种良好的行为习惯，还包括那些更具有道德意味的品德，如仁慈、公正、诚实、宽容、讲信用等。教师要让学生清楚，从广义的角度讲，品格可分为行为习惯、个性修养、道德品质（风范）三大组成部分。品格突出一个"品"字，因此一个人理应有品质、有品位，这是"受过教育的人"的形象。教师要让学生将"谢谢你、对不起、请原谅"当作常说的话语，要让"诚信、宽容、

感恩"成为学生常怀的意识。

2.以身作则影响学生

教育实践虽然证明了张扬学生个性的必要性,但同时也提醒我们对学生进行公德教育的必要性。教师要意识到让学生具有礼让仁和、合作共进的为人智慧的重要性。教师要意识到,品格只能由品格来塑造,人格只能由人格来培养,要求学生做到的教师自己必须先做到。教师劳动的特殊性,决定了我们在引导学生认识周围世界的同时,自己也成为学生认识世界的一个重要部分(活的形象),也参与到学生的认识过程之中。而这一过程不但是知识的输出,也是教师本人内心世界的展现。教师在教学过程中自然流露的思想、品德、风貌、学识、才能、作风、言谈举止、待人接物的方式,无不潜移默化地影响、感染和陶冶学生的心灵。为此,教师要有意识地严格要求自己,让自己良好的品格借助于自己的言谈举止、为人处世的态度成为学生的榜样,被学生竭力模仿。

以上内容说明,为了学生发展核心素养的培养,教师要具有积极的生命情态,让自己成为心地善良、有情有爱、充满生命活力的人,对社会肩担道义,对工作爱岗敬业,对生活乐观向上,对困难愈挫愈勇,对他人团结合作,对自我严格要求、勤奋进取。教师要让自己怀有强烈的育人情怀,认识到教书育人是教师的天职;教书是途径、是手段,育人是目的、是根本。

核心素养培养的核心

——教师核心素养

教师是学生智力的开发者，承担着启迪年轻一代的智慧，培养其创造能力的重任。为此，教师作为知识传授的主体，要适应现代社会的新形势，与时代合拍。教师要培养学生的核心素养，就一定要不断充实与更新自己的专业知识，利用一切机会，长期不懈地坚持学习，努力提高自己的业务水平，全面提升自己的核心素养。

主题1 教师的素养及其影响

人是一切活动的主体，一个人的素养是影响、制约其工作效能的根本因素。可以说，人的素养是个体生存、发展的必要条件，是事业发展、社会进步必备的基本条件。作为为人师者的教师，其素养不但影响自己，而且影响着学生。

一、教师素养的重要性

教师的素养不但是教师作为社会公民的基本素养，而且是作为一名传道授业者的职业道德素养。因此，教师的素养有着极其重要的影响。

1. 影响着教育质量

学校教育活动是由教师、教育媒介、学生三大要素参与的，其中，教师作为专职教育者，在教育活动中发挥着主导作用。因此，就某种程度而言，教师的素养决定着学校的教育质量。教师要教育好学生，提高教育教学质量，要受到所在学校管理水平、教育教学水平、设施设备水平等诸多因素的制约。一所学校的管理水平实质上是教师的素质修养水平，它是提高教育教学质量的首要因素。一所学校的教育教学水平实质上是教师队伍的素质水平，它是提高教育教学质量的关键。一所学校的设施设备水平是提高教育教学质量的物质保证。学生学习积极性的调动与培养，取决于教师的组织、协调与激励，可见教师素质条件具有重要意义，教师素质是学校教学与管理和提高教育教学质量的基础，是有效地进行教学与管理活动重要的主观条件，俗话说："有什么样的教师就有什么样的学生，教师是塑造灵魂的工程师。"这是相当有道理的。

2. 影响着教学质量

教师的教学管理活动是教师个人与学生群体间的一种特殊的相互作用的过

程。因此，教师自始至终都要正确处理个体与群体、领导与群体之间的关系问题，即把协调作为教学与管理的核心职能。教师在班集体之间，在班委会与团委会之间，在同学与同学之间，起着平衡、协调的作用，既要让学生努力学习、为班级服务，又要协调好他们之间的关系，使其分工明确、各负其责，以避免他们之间产生矛盾冲突，导致有错不认、见利就要、遇事就推等不良行为的发生。所以，教师要成为有效的协调者、影响者，发挥其领导影响力，其自身素质水平是十分重要的。教师协调力越强，影响力越大，学生的向心力水平就越高，班级管理活动与教学活动就开展得更好。

3. 影响着学生的素质

学生素质的好与坏，关键在教师的教和带，教师是班集体的核心，教师的一举一动、一言一行都制约和影响着学生自身素质的发展。而教师的言行又取决于其自身素质。

学校教育的对象是学生，他们的生理、心理发展还不成熟，思维类型仍以具体形象思维为主。他们模仿能力强，可塑性大，对老师更怀有敬仰、崇敬的心理。学生较强的模仿能力和"向师性"决定了教师素质的示范性。教师是学校管理的主体，他们的教育教学手段、教学管理手段，在很大程度上就是自身素质、人格和言行的体现。在引导学生认识周围世界的时候，他们自身的形象也作为周围世界的一个重要组成部分出现在学生面前，参与学生的认识过程。因此，教师上课迟到了，就应向学生道歉，保证以后不再迟到；在校园内遇见脏纸片，随时拾起放到垃圾箱里；升旗的时候，挺胸立正仰望国旗，高唱国歌……这些无疑都会对学生起到良好的教育作用。

二、教师基本素养

教师的素养，就是教师的素质和修养，是教师从教的前提和保证。一个合格的教师的基本素养包括四个部分，即教师的职业道德素养、知识素养、能力素养和与教师职业有关的心理健康。

1. 职业道德素养

教师的职业道德简称师德，它是教师和一切教育工作者在从事教育活动中必须遵守和具备的道德规范、道德品质和行为准则总的要求，是教师素质的灵魂和为师之道。一个合格的教师，其职业道德素养体现在对待事业、对待学生、对待集体和对待自己的态度上，具体包括热爱教育事业、热爱学生、热爱教学和为人师表。

（1）热爱教育事业，是教师从素质教育的高度，研究、探索教育规律、奉行教书育人的宗旨，积极实现自己的教育理想的前提。

对于教师而言，只要有了对事业的热爱之心，就会有高度的责任感和强烈的事业心，就会在教育实践中，努力丰富自己的理论知识，广泛地搜集最新的教育信息，自觉摒弃旧的教育思想和落后的教学方法，树立正确的教育观念，形成科学的目标意识，及时地总结经验与得失，并不失时机地把有价值的经验上升为新的理论，形成新的教育思想，探索出新的教育思路。同时，有了对教育事业的热爱之心，教师就会甘于平凡，乐于在艰苦的岗位上无私地奉献自己的聪明才智和毕生精力。于此角度而言，一个合格的教师，必须热爱教育事业，能义无反顾地献身教育事业，将自己的全部心血倾注于学生身上，在实践中不断地认识世界、改造世界（包括自己的主观世界）。

（2）热爱学生，即一个合格的教师能以民主、平等的心态对待每一个学生，内心充满对学生的爱和尊重，事事从学生的利益出发，处处为学生着想，允许他们犯错误，维护他们的自尊心。

教师要热爱、尊重、了解并严格要求学生，以自己坚定的信仰去指导学生，使其确立正确的人生方向；以自己的人格力量去感染学生，让他们做真人，做真事；以自己严谨的治学态度去影响学生，让他们热爱知识，热爱生活；以自己乐观的精神去培育学生，使其具有健康的身心、良好的品质。教师要在学生需要帮助时伸出援助之手，在他们需要鼓励时投去赞许的目光。当然，教师尊重学生、爱学生，不仅意味着最终赢得学生的信服和拥戴，而且意味着教师能虚心地向学生学习。在教与学的过程中，与学生一起成长，共同进步。

（3）热爱自己所任教学科的教学工作。

热爱自己所教的学科，是一个合格的教师承担教学任务的根本。一个教师只有热爱自己所任教学科的教学工作，才能积极追求新的教育理念、教学思想、教学手段与教学方法，进而探寻最科学、最有效地让学生获取知识、提升能力与受到思想教育的途径。一个教师只有热爱自己所任教学科的教学工作，才能在教学中处理好教与学、主导与主体、知识与能力、智力与非智力因素，才能面向个体因材施教，才能处理好统一要求与促进个体发展的矛盾，进而为此不断学习，研究相关的理论知识，并在教学实践中刻苦钻研，勤于思考，虚心求教，博采众长，不断汲取新的知识与成果，不断充实并完善自己的知识结构，进而做到精益求精、不停进取。

2. 知识素养

教师的知识素养包括政治理论修养、精湛的学科专业知识、广博的科学文化知识、必备的教育科学知识。其中，政治理论修养即马列主义、毛泽东思想和邓小平理论；精湛的学科专业知识和广博的文化科学知识是"本体性知识"，主要解决教师教什么的问题；必备的教育科学知识是"条件性知识"，主要解决教师如何将知识传授给学生，即怎么教的问题。

（1）政治理论修养。

教育教学与管理离不开知识，教师不仅是掌握专业技术的"硬专家"，而且要成为精通管理的"软专家"，要有扎实的专业知识、宽广的知识面；起码要了解马克思主义的有关原理——生产力和生产关系、经济基础和上层建筑、主要矛盾和次要矛盾、矛盾的普遍性和特殊性、量变与质变、内因与外因、必然性与偶然性、发展的前进性与曲折性的原理以及历史唯物主义的一些基本观点——人民观、英雄观、发展观等。

（2）本体性知识素养。

教师要有虚心好学的态度，要具备灵活的教学技巧与方法，有一定的授课艺术，也就是课讲得好。一堂好的优质课要比教师无数次说教更会让学生信服。以此激发学生的求知欲，促进学生自身素质的提高。为此，教师要具备精湛的学科专业知识、广博的科学文化知识、必备的教育科学知识。

广博的科学文化知识主要包括人文素养和科学素养方面的人文社会科学知识、科技类知识、工具类知识、艺体类知识、劳技类知识等。课程改革加强了学科间的联系，加强了科学精神与人文精神的相互渗透与融合。这就要求教师具有求真务实、理性批判的科学精神与善待自己、关爱他人、服务社会的人文素养，而这是创新型教师的特征。同时，教育改革要求培养学生的综合素质和创新能力，因此教师的博学多才就至关重要。随着社会的发展，相邻学科的联系日益加强，文理相互渗透，教师就要注重本学科与其他学科的沟通，形成"大教学观"，为学生创设开放的教学情景，培养学生的创新意识和能力。教师的知识越渊博，越能启迪学生的创新思维。

丰富的学科专业知识主要包括学科基础理论知识、学科教育知识、教学策略知识等，是教师从事教育工作的基础。马可连柯说过："学生可原谅老师的严厉、刻板甚至吹毛求疵，但不能原谅他的不学无术。"苏霍姆林斯基也指出："只有教师的知识面比学校教学大纲宽广得多，他才能成为教学过程的精工巧匠。"教师不仅要熟悉所教教材的基本内容，形成完整的知识体系，还要加强业务进修和进行广泛的学习，跟踪所教学科的学术动态，了解新观点，掌握新信息，不断更新知识，站在学科的前沿，实现由经验型教师到科研型教师的转化。

（3）条件性知识素养。

系统的条件性知识即教育形态的知识，包括教育学和心理学知识、学生身心发展知识、教与学知识和教育评价知识等，是教师从事自身职业的重要保障。教师必须把学科知识心理学化，才能让学生理解知识、掌握知识，也才能发展教师的个人智慧。苏霍姆林斯基说："教师不懂心理学，这就如同一个心脏专业医生不了解心脏的构造。"科学的教学需要教育教学理论的指导，教师要实施素质教育就必须掌握教育学、心理学和学科教学法等基本知识。教师不仅要知道教什么，还要知道怎样教和为什么选择那样教，用科学的理论去指导自己的教学。

丰富的实践性知识是教师在教育教学中所具有的课堂情境知识以及与之相关的知识，也就是教师教学经验的积累。它是思想教育知识、文化知识、教育理论知识和教师职业情感与职业技能的综合表现，是对教师各种知识和能力的综合实践训练和检验。

3.能力素养

教师的能力素养主要包括语言表达能力、教育教学能力、组织管理能力、自我调控和自我反思能力（较高的教育机智）。此外，教师还应该具备教育科研能力、学习能力、观察学生的能力、创新能力以及运用现代教育技术手段的能力。

下面，我们选择其中几点来阐述。

(1) 组织教学的能力。

教师的一项重要任务是对学生进行知识的传授，这就要求教师首先必须具有一定的组织教学的能力，它是教师能否出色完成教学工作的关键。教师具有高超的组织教学的能力，能将教师的教与学生的学两个方面的积极性充分地调动和发挥出来，更好地完成教书育人的任务。教师组织教学的能力包括：根据教学大纲和教学目的编制教学进展计划和教案的能力，分析和重组教材体系的能力，运用教学参考书及编写补充教材的能力，恰当选择和运用教学方法的能力，运用现代化教学手段和制作教具的能力，收集、整理、归纳教学反馈信息的能力，等等。

(2) 对教育影响的传导能力。

教师要善于掌握并运用教育影响去作用于学生，使自己的知识、技能、思想和感情等变为影响学生的教育力量，并借助于一定的传导工具。其中，语言是传导最重要的工具。因此，教师要具有良好的语言表达能力，使自己的语言表达体现教育教学工作的特殊要求，具有科学性、准确性、形象性和启发性等特点，做到通俗易懂、条理清晰。同时，教师在进行语言表达时要快慢适中、抑扬顿挫、富含感情，并及时根据学生的不同反应恰当地调整自己的语气语调，以增强语言表达的感染力，充分发挥语言在信息传导中的重要作用。此外，教师的文字表达能力和身体表达能力也是传导教育影响的重要工具。

(3) 组织管理能力。

教师面对班集体进行教育工作，其组织管理能力必然会影响到教育教学工作的进行。这种组织管理能力包括两方面：一是教学过程中的组织管理，教师面对不同个性特点的学生群体，既要把课堂组织得有条不紊，使学生有秩序地学习，又要创造出思维活跃和生动活泼的学习气氛；二是学生集体的组织管理，这主要是针对班主任而言，作为一名班主任，必须具有培养一个良好班集体的能力。

(4) 科研能力。

教师的科研能力是指各级各类教师在进行教育教学工作的同时，从事教育教学相关课题的总结、实验及创造发明的能力。它不仅是高校教师的能力，同时也是中小学教师应具备的能力，这方面最基本的要求是教师应具有对他人成果进行分析、鉴别并提出个人见解的能力。因为教育工作和教育教学改革本身就是一个不断探索的过程，教师只有具备一定的科研能力，才能把教育实践、教学改革与课题研究紧密结合起来，才能促进教学质量和自身教育水平的不断提高。

（5）自我调控和自我反思能力。

这一能力主要包括教学设计、课堂组织和管理、对学生活动的促进、语言和非语言沟通、评价学习行为、教学后省思等，主要表现在教师对自身的教育教学表现进行自我监督、自我反馈、自我反思、自我改进的能力，根据新情况、新问题调整自己制订的计划以适应变化的能力。

4. 职业心理健康

职业心理健康是指一个优秀教师所应有的心理素质，也就是教师对内外环境及人际关系有良好适应所需要的条件，主要包括高尚的师德、愉悦的情感、良好的人际关系和健康的人格。

每一种职业都有其普遍的心理特征。教师作为特殊群体，承担着教书育人的社会责任，如果教师存在较为严重的心理问题，势必会对工作产生诸多消极影响，不仅影响其传道、授业、解惑作用的发挥，而且可能给学生带来伤害。因此，教师的基本素养就包括了职业心理健康。其中，教师的人格素养对学生的发展起着推动作用，是素质教育的基础。它主要表现为积极乐观的情绪、豁达开朗的心胸、坚忍不拔的毅力、广泛的兴趣和积极的创新品质。

实践证明，教师具有高尚的品格，方能培养出有道德的学生；具有强烈的爱国主义精神，才能培养出热爱集体、关心他人的学生；具有渊博的知识，才能培养出有强烈求知欲的学生；具有开拓、创新的精神，才能培养出勇于探索、不断进取的学生。

主题 2　教师的核心素养及其影响

2014 年 3 月 30 日，教育部正式印发了《关于全面深化课程改革　落实立德树人根本任务的意见》后，核心素养体系就引发了全社会的关注。而学生的发展离不开教师的教育，于是教师的核心素养也成为全社会关注的问题。教师的核心素养是提高教育水平的必要组成部分，是培养学生核心素养的关键，是教育部提出学生核心素养后新的发展。那么教师的核心素养包括哪些内容呢？

一、执着的教育情怀

百年大计，教育为本；教育大计，教师为本；教师大计，师德为本。因此，教师的核心素养首先就体现为教师对所从事的教育事业的一种执着的情怀，即教育情怀。教师的教育情怀表现在教书育人的家国情怀和至善教育的大爱之情。

1. 教书育人的家国情怀

教师的教育情怀首先要具有民族性，表现为家国情怀。家国情怀是心怀国家、爱国报国、勇于担当历史使命和国家大任的精神气质和情感底蕴，以国家认同感、民族自豪感和历史使命感为核心，朴素而深切地表达着历代知识分子"修身齐家治国平天下"的精神追求以及"先天下之忧而忧，后天下之乐而乐"的责任担当。作为教育情怀的体现，家国情怀不但体现了教育工作者对国家的教育情感与投入，又反映出教育工作者对国家的胸怀与担当。

【案例】

毛经文，中学历史特级教师，广东省首批高中历史学科带头人，是一名具有家国情怀的教师。他把孔子定位于"人"而非"圣""神"来讲好孔子的故事，使中学历史课堂成为体现其家国情怀的阵地，这也是他培养学生家国情怀的方式。为了讲好历史，他引经据典，带着学生查资料，畅游历史长河，引导学生研究与探寻孔子的出身、身高和长相，探寻一个平凡的孔子，这实际上是关心学生的内心需求，让学生在学习过程中感悟历史人物贡献的大小与他们个人的自身条件并没有关系，出身如何、身高多少、长相帅否等外在因素并不会影响他们贡献的大小与历史地位，从而让学生亲近历史名人，以历史名人为人生楷模。正是他这种求真的历史教学态度，不但涵养了他自己的家国情怀，而且让家国情怀之核心素养教育建立在真实历史的基础之上。

教师的家国情怀是以履行教书育人的历史史命和新时代的光荣职责彰显和实现的。承担起教书育人的工作就是教师的教育教学责任和社会职责，是教师区别于其他职业群体从业者奉献社会的独特表现。教书育人是"教书"和"育人"相统一的过程，"教书"是教育的信息化过程和知识的表征化过程，要求教师具备扎实的科学文化素养，做到"博学于文"与"授业解惑"；"育人"是教育的情感化过程和思想的伦理化过程，要求教师具备高尚的思想道德素养，坚持"德育为先、立德树人"，重视"约之以礼"与"传道"。"教书"体现"育人"，"育人"深化"教书"，教书育人充分彰显着新时代教师的情感诉求、心灵皈依、生命自觉与文化传承。可以说，作为教师爱国之心、报国之情、强国之志的行为实践，教书育人集中体现着富有教育情怀的教师对国家与民族炽热的奉献之心和诚挚的深情大爱。

2. 至善教育的人文情怀

爱是个体的亲社会行为，而大爱体现为人与人之间的亲近和睦，是超越家庭和血缘关系的和睦、友好、善良、包容的人际关系，表现出人们在社会交往中推己及人的相处方式与为人之道，反映着人们真善美的高贵品质和至善的境界。教育的对象是人，因此教师的人文情怀就体现于关心人、理解人、尊重人的人文精神，这其中就包含着"关心、理解、尊重什么人""关心、理解、尊重人的什么"以及"怎样关心、理解、尊重人"这三个基本问题。教师对社会、学生和自身表现出来的人文情怀，是一种高层次的生存境界，包括情感、态度和包容胸怀。其中，情感态度指教师对社会、学生与自身的积极的观念与心理体验；而包容胸怀指教师容纳他人（包括学生）与自身的眼界与格调。

（1）爱学生的教育态度，关怀学生的人性。

"教育绝非单纯的文化传递，教育之为教育，正在于它是一种人格心灵的'唤醒'，这是教育的核心所在。"富有教育情怀的教师能致力于超越知识与能力的精神层面的心灵感召与灵魂感染，对学生始终表现出爱的教育态度，能够清楚"对儿童的睿智的爱——是我们的教育修养和思想感情的顶峰"。一方面，教师尊重学生，对学生有仁爱之心和宽容之情，关心学生的学习和生活，理解学生的情绪和感受，包容学生的意愿和选择，容忍学生的过错和不足；另一方面，教师按照教育目标严格要求学生，让教育目标或学习任务为学生学习导航，使之变为学生的自我要求或自我激励，由此激励他们按照学习目标约束自身行为。于是在教师的严格要求下，学生能主动自觉地学习，达到自我教育的境界，获得一生可持续发展的能力。

富有教育情怀、爱学生的教师始终把学生当作主体人来看待和对待，而这里的"人"是以"人性"为核心的。在此意义上，教师的教育情怀体现在关怀学生的人性。人性关怀是教师对学生在正确的世界观、人生观与价值观、明辨是非的能力、懂得感恩的仁慈善良以及热爱生活的积极心态等方面的情感关注与关心。作为爱的精神来源，它既是学生主体性之于教师的情感诉求，又是教师获得岗位幸福感和事业成就感的精神鼓舞与力量源泉。

（2）超越传统的文化教育，涵养学生的品性。

"育人本身就是一个文化传递的过程。它既为主体选择文化，同时也为文化培育主体。这里的文化不仅指知识、信息，还包括来自传统并与当前时代相结合的一种情境和氛围，其建构着作为对象的主体的人生观与价值观。"为此，教师的人文情怀表现为用教育文化的传承涵养学生的品性。

所谓超越传统的文化教育，是指教师、文化与学生之间双向互动的动态过程。一方面，教师作为文化传承者与创新者，借助积极的、优秀的、有生命力的文化实现对学生思想道德和精神世界的终极关怀；另一方面，学生在文化的教育影响和教育的文化熏陶下成长为传承、发展与创新文化的新兴力量和中流砥柱，从而在某种程度上延续教师的教育价值与生命。

所谓涵养学生的品性，是指在教育文化传承这种静态情境或氛围中，教师以自身的品行无形之中对学生发挥启迪心智、荡涤心灵、激发心意和使学生增强归属感、提升幸福感、萌生自豪感的重要作用，从而涵养学生的品性。须知，品性是一种心理状态，指道德品质和性情性格。学生的品性，发展于教师以教育文化开展文化教育的过程之中，体现着教师守护学生的精神与心灵世界，关照学生的情感、态度与价值观以及培育学生思维力、意志力与创造力的真挚情感与情意，既暗含着学生发展的人文性与全面性，又是教师不局限于知识与技能的精神教育乃至精神生命的延续与发展。

（3）尊重差异的教育智慧，塑造学生的个性。

尊重差异是现代教育有效性的前提条件和教育人文性的内在规定性。尊重差异是教育情怀中以"爱"为基础的仁心宽容与胸怀宽广的集中体现。教师的教育情怀体现于塑造学生的个性，其作为"因材施教"教育理念在当代的实践，深刻体现着教师尊重与包容不同主体间和同一主体内不同的思想、性格、品质、意志、态度的广博气概和宽广胸怀。

教师能够尊重差异，"因材施教"，这是其教育智慧的基础，体现了对学生的情感和态度，并且个体的独特性决定教育方法的灵活性和多样性。"'因材施教'作为一种关系性存在，除了提升学习者的学习品质、提升教学质量之外，还会提升教学关系本身、教学存在本身，使教学关系、教学存在不断演进。""因材"与"施教"的对应关系，"教"与"学"的契合关系，一方面使教师在主动"教"的过程中，树立差异化育人的理念，于空间维度上充分了解和感知不同学生的个性、需求与兴趣，于时间维度上不断更新和完善教育理念和知识体系；另一方面，使教师体认学生"学"的行为的主动性以及"学"的过程的动态性，引导学生将自身视为主体性存在，充分认知到自身的特点和品质，不随波逐流，不盲目崇拜，不妄自菲薄，以独立、自信、乐观的姿态彰显自身真实的存在，促进自己个性的发展，实现自己的人生价值。

3. 教育"志业"的人格尊严

教育作为承载社会使命的职业，是"一种按照专业原则来经营的'志业'"。韦伯主张，只有发自内心地完全献身于自己的工作，才有个性、才有人格，艺术家如此，学者亦然。因此，人格尊严是教师奉献教育的热情与力量，它使教师具有教育志趣与使命感，体现了教师"爱岗敬业，敢为人先"的投入与献身精神，是教师的尊严与高贵的象征，更是教师崇高的教育志向、坚定的教育信仰和深厚的教育德行的体现。与教师教育志向有关的人格尊严决定了教师从教的坚定性和终身性，体现于教师对教育事业的敬业意识、负责任的态度、乐业精神与理想追求。因此，这种情怀不同于将从教作为一种维持生计的差事，更不同于将教师作为一种谋生的手段，它体现的是一种教育志业，是一种奉献精神，是教师对教育的社会功能的价值认同，是其人品与品格的体现。

就教师个体而言，人格尊严可发挥两方面的作用：一是它可以促使教师发自内心地把教育当作事业，当作一种积极的生活态度和正确的价值观念，发自内心地保持对教育的敬重、忠诚与陶醉以及对教育的社会意义的思考、追寻与创造；二是它时刻引领教师全心全意投入教育事业，坚持教育的育人性与发展性，热情奉献，有担当，无怨无悔，以一名师者的形象、素质、修养与品质去传递影响、培养人才，以一名师者的道德、良知、责任与使命去促进社会发展。

二、过硬的专业素养

师以识为基，博识，则可有教育力。教师是科学知识的传播者和创造者，其科学文化素养的优劣直接关系到学校教学质量和教育目标的达成。当现代科学飞速发展，出现了既分化又综合的趋势。自然科学与社会科学的相互渗透、相互结合，让一系列交叉学科、边缘学科产生。于是从事教育工作的教师就需要既学有专长又广泛涉猎，既要专精又要博学，即成为"T"型人才——学科专业知识精深，教育科学知识广博，教育实践技能运用熟练。同时，专业素养作为教师的看家本领，是教师赢得学生尊敬的前提条件之一，也是教师成为名师的必备条件。教师过硬的专业素养包括精通学科专业知识，具有广博的科学文化知识、教学理论基础及教学实践经验、教育智慧。

1. 学科专业知识

教师应当具有教育知识、学科知识、学科教学知识、通识性知识。没有扎实丰厚的学科专业知识，教师开展教育教学工作就会捉襟见肘、底气不足，难以做到运用知识时旁征博引、挥洒自如，令学生信服。因此，教师的学科专业知识必须过硬。

（1）精深的学科知识。

教师所教的学科知识是指教师所具有的特定的学科知识，教师一般应具备一至两门学科专门知识。教师要创造性地、成功地完成教学任务，首要条件就是他对所教学科知识的掌握必须达到较高的水平。各学科知识包括：学科基础知识，即与学科有关的事实、概念、原理、理论等；学科专业主体知识，如规律性知识、学科思想方法、学科思维特点和研究方法、学科专业前沿知识等。

教师作为知识的传授者，其传授的内容是其所掌握和了解的知识。在教学活动中，教师的一切努力都是为了围绕本体性知识进行有效传授。教学的最终绩效大都是用学生掌握的学科知识的质量来衡量的。在一定限度内，教学的有效性是与教师所掌握的本体性知识呈正比关系的。正所谓学高为师。但是，是不是学科知识越高深对教学越有利呢？有关研究表明，在教育教学活动中，教师所教学科知识必须达到一定的水准，但其水平与教学效果之间并非是线性相关。学科知识超出了一定水平之后，它与学生成绩之间就不再呈现统计上的相关性了。具有丰富的学科知识仅仅是个体成为一个好教师的必要条件。

（2）扎实的教育科学知识。

在教学中，教育科学知识涉及教师对"如何教"这一问题的理解。在教与学的领域中，教学过程被看作教师将其所具有的学科知识转化为学生可以理解的知识的过程。在此过程中，教师使用教育学和心理学规律来思考学科知识，即对具体的学科知识做出教育学和心理学的解决，例如如何激发学生学习动机，在课堂中如何组织教学过程，如何设计和实施测验等等。因此，教育学和心理学知识被有些专家称为教师成功进行教育教学的条件性知识。教学是一种创造性活动，是科学与艺术的高度结合。仅仅具有广博的学科知识的教师，不一定能成为一名好教师，教师必须懂得教育规律，能用教育学、心理学、管理学、教学法等方面的理论来武装自己。教师只有按照科学育人的规律办事，讲究科学性和艺术性，才能取得良好的教育效果，才能使自己的工作经验上升为理性认识，更具有自觉性，避免盲目性。

（3）实用的实践性知识。

实践性知识是教师通过教育实践总结出来的，它是教师个人品质与教育认知、经验以及教育情感、态度和教育行动相互融合产生的。这种实践性知识是灵活多样的，具有鲜明的指导功能，不像理论性知识那样有严谨的逻辑。如教学中总结出的经验体会，构建的新教学模式和教学方法等。这种实践性知识适应于特定的课堂、教材、学生，体现教师的个性特点和价值取向，不追求理论领域的普遍性。这种实践性知识是以教学水平提高与否来评价的。

（4）广博的文化知识。

教师必须具有广博的普通文化知识，这些知识包括人文社会科学知识、自然科学知识和现代科学技术知识。教师不仅文化知识要渊博，而且要将其内化为个人的文化素养，从而成为具有高尚精神境界和健康人格特质的"人类灵魂工程师"。

2. 学科专业技能

教师的学科专业技能是教师从事教育教学工作必须具备的最基本的职业技能，它通用于所有教师的一般基本能力，也包括学科教学和教育工作的基本功，即教学设计、了解学生、课堂调控、班级管理与教育活动、教育教学评价、沟通与合作、反思与发展等方面的能力。没有极强的专业能力，教师开展教育教学工作就会力不从心、应付敷衍，难以做到得心应手，令学生敬佩。

（1）教学设计能力。

教学设计能力是教师学科专业技能之一。这一技能体现于解读课标和教学的能力、独立设计教学的能力。

首先看解读课标和教材的能力。课程标准中规定的学生在某方面或某领域的基本素质要求是教材、教学和评价的灵魂，也是整个基础教育课程的灵魂。正确理解课标，是做好教材解读的前提。解读教材是教师的本分，也是教学的基本功。教师应该用心把握教材的编写意图，做到心中有数。由于教材是静态的，是不能开口说话且只能呈现结果的材料，所以，教师要将"结果"变为可以让学生参与教学活动的"过程"，而这一"过程"的实现要求教师认真地研读教材中的"三言两语"，能自觉地从学生学的角度、教师教的角度以及训练价值的角度、人文熏陶的角度、难易把握的角度、坡度设置的角度去审视教材，从而筛选出最具科学性、艺术性和有价值的教学要素。

其次看独立设计教学的能力。教师的教学设计能力，还体现于独立进行教学设计的能力。即教师如何根据本班学生的实际进行筛选、重组、创新，独立设计适合的教学方案。一篇教学方案记载着教师的思维过程，展示教师认识问题的水平和处理问题的能力，反映了教师的教学方法和教育理念。因此，教师要善于把知识的学术形态转化为教育形态，在教学方案中根据各自学科的特点，用生动的语言、形象的例子，将深奥的、形式化的知识转化为学生易于理解、乐于接受的大众化的知识。这一转化过程体现语言的锤炼与组合，体现学科知识与人文修养的融合。因此，预设教学方案中凝聚着教师的心血，体现教师智慧的结晶，凸显教师的业务能力。

（2）了解学生的能力。

苏霍姆林斯基认为，教师的职业性质就是研究人。随着社会的发展，新时代的学生获取知识与信息的渠道变得广泛而便捷，视野与生活阅历变得更开阔、更丰富，其个性与学习需求变得更加自我而强烈，为此，教师的专业能力还包括了解学生的能力。教师的教育思想理应建立于三种基本的学生观之上：一，学生是生活中的人，教师要以"和生活中最复杂、最珍贵的无价之宝，也就是人在打交道"的态度去看待学生，了解学生；二，学生是发展中的人，教师要认识到"儿童经常在变化，永远是新的，今天与昨天不一样"；三，学生是个性独特的人，每一个学生就是"一个有个性，拥有一个独特世界的人"。作为教师，要意识到，学生在成长过程中总会出现这样那样的缺点和错误，为人师者要巧妙而正确地走进学生的心灵，为其指出错点和不足并要求其改正。同时，教师在备课时要充分考虑学生的起点基础、个性差异等，围绕以下三个问题进行思考：一，学生是否已经具备学习新知所必须掌握的知识和技能，掌握的程度怎么样；二，哪些知识学生已经具备了生活经验，哪些离学生的生活经验比较远，需要创设哪些现实情境；三，哪些教学知识学生能够自己学会，哪些需要教师点拨引导。这样，既尊重了学生的已有知识经验，又重视了学生解决问题能力的培养。

（3）课堂调控的能力。

课堂的组织管理需要一定的管理艺术和能力。随着教育理念的发展，以人为本的教育思想以及核心素养培养的课堂，均需要课堂教学具备开放性，具有师生互动、生生互动的特点。因此，教师根据学情变化，及时接纳弹性、灵性的成分，采取有效的调控措施，让课堂充满真情，焕发生命的活力，相当重要。

一是教学方法的调控。教师事先预设的教法，只能作为备案。走进课堂，教师面对的是一个个具有鲜活生命的个体，不能无视学生所呈现的生命信息。只有教师明察课堂，适时调控，灵活选择切实可行的方法，才能保证教学取得良好的效果。

二是教学流程的调控。教学流程由许多环节组成，各环节互相关联，有着一定的先后次序。环节可以预设，但课堂教学如果一味地按照固定环节进行，不考虑动态的变化，就容易陷入僵化、机械、沉闷的泥潭。教学流程必须根据鲜活的学情随机进行调控。

三是学习状态的调控。学生的学习状态决定课堂教学的效果。教师要及时对情感冷漠处、教学冷场处、思维冷却处、兴趣冷淡处、知识冷落处进行加温或聚热，促使学生积极主动地参与到课堂教学之中。

四是课堂练习的调控。教师可以根据学生理解和掌握新知识的情况与练习时间的长短，增减练习的数量。如独立练习有时可以调整为分组练习，分组练习有时也可以调整为独立练习。有时还可以布置一些选择性练习来调控课堂练习的量，满足不同学生发展的需要。练习时，教师还可根据课堂教学状况灵活地调控练习的要求。

五是突发事件的调控。教师应具备灵活自如化解难题的能力，善于根据突发状况做出敏捷的反应，并本着尊重学生、爱护学生的原则采取合理的对策。同时，教师要把每一次突发事件都当作一次教育良机，让每一次偶然事件都变成一次必然教育，使学生获得一次"化腐朽为神奇"的转机。

（4）反思研讨的能力。

所谓反思研讨的能力，是指教师于一节课后，能够对教学进行反思，并就获得的一点经验、一点启发、一些教训、一些疑难在积累的同时，进行研讨，从而让这些宝贵的资料、信息、思考为日后教学提供巨大的帮助。这就是美国学者波斯纳所提出的教师成长的公式：成长＝经验＋反思。

正所谓"独学而无友，则孤陋而寡闻"，教师在反思的同时，还要注意加强与同事以及其他同行、专家的交流，而这也是当下教师所应具备的关键能力。教师要善于运用备课交流、互听互评、沙龙论坛、网络教研等形式进行专业切磋、合作交流和互助互利，在体验成功和分享经验的基础上共同成长。

总之，反思是一种教师改进教学策略、不断提升自己教学水平的好方法，是教师不断提高自身教育教学素养的过程。教师借助于反思正确地认识自己，借助于反思客观地评价自己，进而提高自身教育教学行为的自觉性。

（5）应用信息技术的能力。

随着互联网时代的到来，传统的单一的教学模式被改变，翻转课堂、微课、云课堂等新的教学模式的出现让教学方式和学习方式变得更加多样化。因此，新时代的教师要跟上时代步伐，熟练应用现代信息技术，为课堂教学服务，努力提高课堂教学效果。这也是专业素养的体现。

一是自制教学课件的能力。教师要在考虑教材内容与学生实际情况的基础上，通过课件的演示使复杂、难以理解的内容变为直观、浅显、易懂的感性材料，帮助学生深刻理解、掌握规律。

二是微课制作的能力。随着智能手机、平板电脑和无线网络的普及，基于微课的移动学习、远程学习、在线学习越来越普及，成为新型教学模式和学习方式。因此，微课制作是教师今后的专业技能要求之一，也是促进教师专业发展的能力之一。为此，教师要能依据一节微课往往只讲授一个知识点，凸显教学中的重难点的要求，在微课所选题材上下大工夫，制作视频时达到动静结合、图文并茂。整个视频要简洁、清新、流畅，讲解时要通俗易懂，声音响亮，节奏感强。

总之，伴随着"互联网＋"时代的来临，培养学生核心素养成为教育教学的中心工作。这对教师提出了新的挑战。教师只有不断地学习，不断地提升关键能力，才能提升专业发展水平，适应时代的新要求。

3.学科专业理念

教师应当对教育本质有着深刻的理解，树立正确的教育理念，把握教育发展的方向，形成正确的教育观和学生观以指导自己的教育行为；应当不断总结教育新经验，学习教育新理论，探索教育新模式，培养社会和未来需要的新人。一位教师如果没有正确而先进的专业理念，凭经验、凭感觉去开展教育教学工作，就难以正确把握教书育人的方向，难以正确运用专业知识和正常发挥专业能力，也就不能取得良好的教育教学效果，培养出社会和未来所需要的人才。

三、良好的学习素养

教师要承担起教书育人的责任，培养学生的核心素养，就要有效地指导和帮助学生学习，其前提之一是教师对学生的学习状态具有非常充分地理解。因此，为了提升学生学习质量和促进教师专业发展，教师必须具备良好的学习素养。所谓教师的学习素养是指为了更好地承担教育重任，为了自身的发展，教师不断地提升自己，培养自己终身学习的态度和意识。这其中就包括自身专业学习和指导学生自主学习两方面的内容。

1.扎实地学习科学知识

教师理解学生学习过程的最基本条件是具有系统的科学知识。教师在观察学生活动后要进行描述、分析和解释，就需要用学习科学的术语来指代和关联学习过程中的要素。这个过程及其结果直接取决于教师所具有的学习心理学基础。比如，为了指导学生写作，行为观念较重的教师会想到"学生写作是其面对作文题目的条件性反射"，认知观念偏重的教师则会认为"学生写作就是其在提取大脑中关于字形和事件的有关记忆后的输出行为"，具有社会心理学倾向的教师则会想到"学生写的是他与其他人的生活交往经验"。各种心理学范式观察儿童学习的视角是不同的，得出的结论亦有差别。因此，为了能够对学生学习进行有效的观察、分析和改进，教师就要拓展、更新其学习科学的知识并使之系统化，这就需要教师扎实地掌握学习科学的知识。

2.认真地学习丰富课程的方法

参照布卢姆目标分类学的认知层次，学习方法可以分为记忆技术、理解技术、应用技术、分析技术、评价技术和创造技术六种，其中记忆技术包括重复默诵、缩略词记忆、情境记忆等具体方式。学习策略是指学生对其学习状态及其环境进行的元认知以及在此基础上对各种学习技术的调节性运用，一般分为认知策略、元认知策略和资源管理策略三个大类。相对于学习科学而言，学习方法（包括下位的学习技术和上位的学习策略）则是帮助学生理解和掌握课程（尤其是知识性内容）的思维工具。学生只有掌握了必要的学习方法，才能在较大程度上增强其学习的灵活性，积极地应对各种学习环境，提升其核心素养。学习技术主要指学生理解和应用某种或某类知识的具体操作方式。面对当前种类繁多的学习技术，教师要针对学生的知识水平，本着深刻改进学生的内化学习的目的，充分了解这些方法与策略，从而有针对性地指导学生。

3.掌握灵活的知识建构技术

学习方法并不是独立存在的，而是要与学科内容相结合的，如此才能生成具体的学习素养。在当今知识爆炸式成倍增长的情况下，学生的学习理应是在不断吸纳新知识的基础上努力调整和管理其个性化的知识结构。因此，学生能力养成的一个重要方面就是抓住学科核心概念并使其所学知识系统化（即知识建构的能力）。同时，学生要进行知识建构，就要掌握关键词、列提纲、概念图、流程图、学科思维等，然后才能有效地提炼出课程内容的核心要素，科学地评价课程学习的质量。可以说，学生形成良好的认知结构可以让其减轻记忆负担，腾出时间来进行更有深度、更为广泛的知识探索。而这一切的完成，就需要教师对这些知识建构技术的适用范围和条件有较好的见解，从而保证学科知识的正确性（或准确性）。

4.学习真实的问题解决经验

根据情境认知理论，现实世界的真实情境是学习者进行有意义学习的基本条件，而一切生活皆为问题解决的过程。因此，基于现实问题的学习方式可以促进学生问题解决素养（包括知识与技能、方法与方法论）的系统养成。因此，教师需要学习真实的问题解决经验。

教师要认识到，课程内容（包括课程标准、教学用书及其信息）的本源是人类历史上的问题解决活动，其中的知识、技能甚至情感都源自这些问题解决的过程和结果。为此，要从以下三个方面着手问题任务的设计：一要了解学科的历史发展脉络和当下的研究进展；二要了解学科知识的实际应用；三要理解课程包含的具体内容，并使用促进理解的表征方式来组织主题性学习，以便有效地呈现这些问题解决的过程。

四、不息的发展素养

所谓发展素养，是指教师能与时俱进地提升自己，以动态的眼光看待世界与自身个体，能不断提升自己，从而适应社会的发展和教育事业、学生发展的要求。

1. 强大的调适能力

在社会变革时期，多多少少有些不尽如人意的地方。学高为师，身正为范。为了给学生做示范，教师必须保证自己心理健康，在生活中充满快乐，富有情趣，能用心品味，把生活过得有滋有味。为此，教师要及时调整自己的心理，管理好自己的情绪，克服付出与回报不成比例所造成的失落感、负面情绪不能转移给学生所带来的无助感、因不被理解甚至受委屈而产生的压抑感，以积极阳光的心态、充满正能量的行为展示自己，始终相信未来的一切会更美好，始终坚守最初的选择。

2. 良好的沟通能力

教师要有良好的沟通和协调能力，主动与学生、与家长、与领导、与同事交流，用心沟通，善于倾听学生和家长的诉求，善于协调学校和社会各方面的资源，积极赢得各方理解与支持。教师还要认真学习心理学、教育学、社会学等相关科学知识，善于研究家长、学生的心理。其中，尊重、换位思考和共情是几个有益的原则。

3. 不息的创新能力

21 世纪是"创造教育世纪"，创造性人才要通过创造教育来培养。创造性是每一位学生都具备的心理潜能。只有创新型教师才能积极通过创新教育，培养出具有创新精神的学生。为此，教师要树立创新教育观，培养自己的创新能力。创新能力包含创新意识、创新思维、合理的知识结构和创新行为四个基本要素。因此，教师要培养创新能力主要应从以下几方面入手。

一是教师应是指导学生智慧生活的"严师"，是拓展学生心灵和智慧的"人师"，能在准确判断教育环境对学生的影响的前提下，创设促进学生创新和个性发展的教育环境，提供合乎学生心理发展情况的学习活动，以促进学生创造人格的发展；要指导学生利用现代信息技术收集和处理信息，促进学生的创新活动。教师要让自己成为富有创新精神和能力，对错综复杂的多元社会应付自如的创新楷模，给学生的创新提供精神导航。

二是教师要有强烈的求知欲，能满怀信心地对学生进行劝告、指导、说理和教诲，并善于解答学生提出的各种疑难问题。教师要对科学知识满怀热爱，对真理不懈追求，对缺乏可靠证据充满怀疑态度，对未曾想到的现象表现出惊奇，对尚不理解的问题积极探求。

三是教师要勇于进行自我否定，不固执己见，不故步自封，能够坚持真理、修正错误，具备勇于开拓进取的创新才能和灵活机智的应变才能。在教育实践活动中，教师要能够针对教育对象、教育内容和教育情境的特点，有的放矢地提出新见解，创造新方法。在教学过程中，教师对学生的幻想要积极热情地予以肯定、鼓励和积极引导，并善于从学生的学习活动中发现学生的创造性，承认每个学生皆有创新能力，对学生一视同仁，甚至有些"偏爱差生"，让每位学生都能体会到成功的快乐。

主题3　提升教师核心素养的途径

教师的核心素养作为教师必须具备的品格和关键能力，影响着对学生核心素养的培养，影响着教育事业的发展和人才的培养。因此，要培养学生的核心素养，教师首先要提升自己的核心素养。

一、培养自己积极的信念

来自外界环境的影响因素不同，人的认识及其指引下的行为选择就会有所不同。要求受教育者向积极的方面发展，教师就要致力于改变其周围的环境。对于正在学校上学的中小学生而言，教师的影响相当重要。因此，教师要认识到，可以通过自己的积极努力改变学生的现在，通过改变学生的现在去改变其未来，从而改变整个社会的未来。

1. 用正确的理想信念引导自身从教行为

正如德国诗人海涅所说的"思想走在行动之前，就像闪电出现在雷霆之前一样"，教师的任何一种教育行为的背后都有教育理想和信念的影子。无论教师的理想信念是显性的还是隐性的，它们都始终影响着教师的行为，关系到教育工作的成败与教学质量的高低。为此，教师要树立崇高的理想信念，以此引导自己的言行，不断提升自己的专业知识、专业技能、入职经验、情感态度、行为习惯等，从而实现自己对教育的爱、对教育理想坚定的信念。只有这样，教师才能获得专业发展的动力，进而成长为充满爱心、富有理想、坚持信念、拥有信仰的好教师。

2. 用坚定的信念确保自己走上专业化之路

信念是连接理想与现实、理论与实践的桥梁，它以科学知识和成功经验为基础，以审慎的理性和慎独的精神为特征。教师必须拥有坚定的信念，因为拥有坚定的信念才能保证教师专业发展的自主权和教育活动的相对独立性。这种建立在对教育本真含义思考基础上的信念，可以内化于正确理论知识学习过程中，并具体落实在教师所坚守的各种教育教学理念行为和教育教学规范里。同时，坚定的信念可以使教师明确自己肩负的责任，从心所欲不逾矩，充分发挥自己的主体性和主导作用；能坚守自己的理想和目标，抗拒各种诱惑和承受住各种压力，淡泊以明志，宁静而致远，耐得住寂寞，守得住清贫；能勇于创新，奋发进取，克服职业倦怠，不断提升自身专业发展水平和能力，真正做到"静下心来教书，潜下心来育人"从而引领自己从现实的此岸到达理想的彼岸。

3. 用坚定的信念激发自己的工作热情，感受教师职业的幸福

面向未来，教师一定要拥有自己坚定的信念，须知，有信念的教师才会有满腔的工作热情和全身心投入的状态，才能真正体会到"得天下英才而教育之"的快感与乐趣，并在工作中和学生及自己的发展中品味到幸福。

古今中外，伟大的教育家总有坚定的教育信仰。先贤孔子信仰"仁"和"礼"，卢梭信仰"自然"。苏霍姆林斯基宣称："我的教育信仰在于使人去为他人做好事，并发自内心去做，在于建造自我。"教育信仰是伴随着狂热情感和执着追求的被高度认同的权威信念，是对教育促进个体和社会发展的极度信服和尊崇，是一种极其强烈而深沉的情感状态。这种信念的坚定，可以让教师坚定地认同教师职业及与这一职业相关联的生活方式，支持教师抵御各种诱惑，积极面对各种困难和挑战，把正确的教育思想和有效的教育经验转化到自己的教育行为中并贯彻始终。

同时，教育信念也是一种巨大的教育力量，是伟大教育精神的源泉和具体教育价值实现的条件。它引导教师把自己生命所有的力量集中在对人生理想和教育理想的追求之中，不断走向职业的高处和深处，不断追求事业的成功，不断消解各种压力，克服职业倦怠，并在这一过程中体验到生命的意义和价值，达到自我价值的实现和人格境界的升华，真正体会到工作着是美丽的这么一种平淡而充实的幸福心境。

美国诗人惠特曼说："没有信念，则没有名副其实的品行和生命。"雅思贝尔斯说："教育需有信仰，没有信仰就不称其为教育，只是教学技术而已。"当今的中国正处于一个教育信仰（或者说是信仰教育）的时代，教师只有坚持自己的教育理想和信念，大胆创新，大胆实践，才能让各种经验理论内化成教育理想、教育信念和教育信仰，从而将理想和信念落实在教育教学实践中，进而唤起教师的职业幸福感。

总之，教师只要拥有正确而坚定的信念，就拥有了获取自己所需一切知识与技能的方向与动力，就会重视自觉促进专业发展的根本，从而不断培养自己的教育情怀。

二、不断前行提升自己

终身学习是提升教师专业素养的必由之路。梅贻琦在清华大学任校长时的演讲中提出了"所谓大学者，非谓有大楼之谓也，有大师之谓也"的著名论断。这提醒我们，无论何时，教师都要具备扎实的专业素养。而要具备扎实的专业素养，教师就要不断学习，终身学习。

1.勤学笃问，刻苦钻研

教师要想成为学生学习的引路人，走专业化发展之路，就要不断学习，提高自身教育教学水平。正所谓"活到老，学到老"，每一位好老师都是在不断地学习提高中成长起来的。要想成为一名好老师、一名专业素养高的老师，就要不断学习。须知，知识也在不断更新，一旦停止学习，必然会落后。作为教师，要给学生传道、授业、解惑，就更应该不断地学习，提高自己的水平，用自己的知识更好地教育学生，用自己孜孜以求的精神来影响学生。

2.潜心钻研，积极进取

教师是知识的重要传播者和创造者，连接着文明进步的过去、现在和未来，是学生核心素养的培养者。为此，教师要不断提升自己，这就需要潜心钻研业务知识，不断吸纳学科前沿的新知识与研究成果，拓展自己的知识领域，充实完善自己的知识结构，全面提高自身业务素养和知识水平，成为爱学习、会学习的人和终身学习的楷模；更需要努力提高自身科研能力和教学水平，使自己真正成为学识渊博、学业精深、学养深厚、实践经验丰富的学者型教师。

在重视学生核心素养培养的大背景下，教师要认识到，一个理想的老师仅仅具有高尚的道德品质是不够的，要想在教育过程中发挥教师个人的人格魅力而紧紧吸引着自己的学生就要同时具有广泛而深厚的文化科学基础知识和扎实、系统、精深的专业学科知识以及全面准确的教育科学知识和心理科学知识。这就要求教师不但对所教课程有精深的认识，还应有广博的知识。所谓"精深"就是要"知得深"，对专业知识不仅知其然，而且知其所以然；所谓"广博"就是要"知得广"，能触类旁通，并掌握相关学科的知识。此外，教师健康而丰富的审美意识和审美情操也十分重要，因为这不仅有益于其自身素养的提高，表现出人格美和教学艺术美，更重要的是可以影响学生领悟和体验生活与艺术，让学生学会不只用眼而且用心去感受真善美。

总之，教师要认识到，学识是连接教师与学生的纽带，渊博的学识不仅是教师自我完善的需要，是从事教学工作的保证，而且还是教师业务水平的标志和自身影响力的源泉。教师的学识愈深厚，视野愈宽广，教学的效果就愈好。

因而教师一定要博览群书：书读得越多、读得越杂，文化背景知识就越广阔，文化底蕴就越深厚。一名教师能力的大小，很大程度上取决于读书的多少。未来社会需要的是立体型、多元型、信息型的人才，教师只有具备广博的学识，才能为指导学生横向涉猎、纵向求索提供知识保证，才能真正保证自己在学生的心目中树立起良好的人格形象。这样的教师给学生以高山仰止的感觉，是学生学习的典范。

三、勇于沟通，不断反思

教师要想践行对学生核心素养的培养，还要注意不断学习与反思，积极与别人沟通，学习和借鉴他人的成功之处，以教育教学中成功或失败的案例等为借鉴，不断提升自己，不断严格要求自己，从而促进自身核心素养的提升。

1. 以身作则，以德施教

"教师每天仿佛都蹲在一面镜子前，外面有无数双精细、审视的孩子的眼睛时刻盯视着你。"这是教育家加里宁对教师作用的精辟论述，形象地强调了教师以身作则的重要作用。"教，上所施，下所效也；育，养子使做善。"这句古话也说明了教师以德施教的重要性。

【案例】

三亚布甫小学教师陈达科以德立身、以德施教。陈老师在乡村从教 12 年，无怨无悔、默默奉献，用行动诠释了作为一名人民教师的坚守与担当。在学校里，他是一个认真负责的好老师。陈达科对学生的关心从来不局限于学习，他对于学生的生活、品行更加注重，"学会做人是第一位"这是他的口头禅。下课后，他是学生们眼中的大哥哥，亲和力十足。他会跟学生们一起踢球，参与到学生的课余活动中，与他们打成一片。在平时上课时间，陈达科会认真解答同学们的每个问题并主动询问，发现问题后及时与学生沟通，并给他们留出思考的时间。同学们上课时有不懂的地方，下课了也可以向他请教。就这样，站在三尺讲台上教书育人是陈老师的梦想，他以德树人、以身作则，用自己的一言一行影响、教育身边的人，践行社会主义核心价值观，始终坚守作为一名光荣的人民教师的初心，脚踏实地，履行教书育人的神圣使命。

学生总是把老师看作学习、模仿的对象。一个教师能否以身作则，是他能否胜任教师这一职业的关键。"喊破嗓子，不如做出样子。"身教重于言教，教师要做到"为人师表"。教师的职业特性决定教师必须是道德高尚的人。教师的工作就是塑造灵魂、塑造生命、塑造人，最终达到使学生向善的教育目标。因此，教师要在言传身教的过程中，用自己的道德情操去感染学生、引导学生，以身作则，以德施教。为此，合格的教师首先要在道德上合格，好老师首先应该是以德施教、以德立身的楷模。

2.多写反思，提升自己

在教育和教学中，要让失误得以避免，最好的办法就是多写反思。写反思还可以促使教师有效地进行自评、自查、自省、自改，达到自主提高的目的。须知，学生对于教师不仅是听其言，更观其行，教师在学生眼中应当是为人师表的模范。一个教师如果在是非、曲直、善恶、义利等方面不存在问题，自然就可以担当起立德树人的责任，担当起培养学生核心素养的重任。

【案例】

尊重生活，关注动态生成。学生对语言的感受、认知、学习、发展，是活生生的，实实在在的，最具有魅力与渗透力的。课堂教学与生活联系起来，学生就会学得活泼生动。本案例中，我本想让学生说出青蛙跳出井口看到那些美丽的景色，让青蛙知道外面的世界是多么丰富多彩，进行思维的拓展。但一位学生却说青蛙可能看不到这样美丽的景色。我让他说出了原因——环境被污染。这位学生之所以会产生这样的想法，就来源于他的生活体验，对生活的关注。《新课标》告诉我们："跳出备课预设的思路，灵活应变，尊重学生的思考，尊重学生的发展，尊重学生的批评，寻求个人理解的知识的结构，课堂会因生成而变得美丽。"

这是一位小学语文教师在教学《坐井观天》一课后的教学反思。从中可以看到教师对学生核心素养培养的实践，这正是教师提升自己的好方法。

四、乐于挑战，绝不停息

时代在进步，科技在发展，教育同样也在发生着日新月异的变化。大到教学理念的不断更新，小到教学用具的不断变化。这要求我们教师要想做好学生学习之路上的引路人，成为一名好老师，还要与时俱进，讲究教学方法，勇于教学创新。

1. 勇做杂家，广泛学习

作为教师，我们不但要精通自己的学科知识，而且还要成为一位"杂家"。须知，未来社会需要的人才是综合型人才，为了培养这样的人才，身为老师，我们就要及时地补充知识，从而在教学中不断调整方法，与时俱进，满足不同时代学生的不同需求，抓住不同性格学生的特点授课。这就要求我们教师，不仅要熟悉所教教材的基本内容，形成完整的知识体系，还要加强业务进修，广泛学习，跟踪学科学术动态，了解新观点，掌握新信息，不断更新知识，站在学科的前沿。

2. 积极提升，广泛研究

作为教师，除了要掌握一些专业知识，还要懂得一些现代教育学、心理学内容，这样一来，才能让科学理论成为有效的教学的指导者和支持者。为此，好老师要掌握教育学、心理学和学科教学法等基本知识，如此一来才能在教育教学中更好地把握学生的心理，让核心素养的培养落到实处。

学科壁垒的溶化剂
——学科核心素养

　　学生发展核心素养体系的构建体现了"以生为本"的教育理念，对于全面推进素质教育具有重要意义。而确立各学科的学科核心素养则是学生发展核心素养落实于课程的前提条件。因此，学科核心素养是学生发展核心素养在学科中的具体化，是学科育人价值的集中体现，是学生学习某门学科后所期望的成就。

主题1 了解学科核心素养

学科核心素养是在特定学科或某一领域的知识学习过程中形成的，体现学科思维特征及态度，能够适应终身发展和社会发展需要的必备品格和关键能力，是学生核心素养水平的重要体现。关于对学科核心素养的理解，可以从以下几方面入手。

一、理解学科核心素养的前提

于学科课程教学而言，核心素养的内涵包括核心知识、核心能力、核心品质，但并非三者的简单相加，而需要教师在备课时，从素养的高度对学科教学进行目标定位，对教学活动进行组织与设计。因此，核心素养与学科课程教学有着如下关系。

1. 核心素养指导、引领和辐射学科课程教学

北师大肖川教授认为："从学科角度讲，要为素养而教（用学科教人），学科及其教学是为学生素养服务的，而不是为学科而教，把教学局限于狭隘的学科本位中，过分地注重本学科的知识与内容、任务和要求，这样将十分不利于培养视野开阔、才思敏捷并具有丰富文化素养和哲学气质的人才。"这句话道出了核心素养对学科教学的指导、引领和辐射的作用。

事实上，任何学科知识就其结构而言，都可以分为表层结构（表层意义）和深层结构（深层意义）。表层意义就是语言文字符号所直接表述的学科内容（概念、命题、理论）（内涵和意义），深层意义是蕴含在学科知识内容和意义之中或背后的精神、价值、方法论、生活意义（文化意义）。表层结构和意义的存在方式是显性的、逻辑的（系统的）、主线的。深层结构和意义的存在方式则是

隐性的、渗透的（分散的）、暗线的。但它是学生素养形成和发展的根本（决定性的东西）。所以，核心素养指导、引领、辐射学科课程教学，彰显学科教学的育人价值，使学科教学自觉地为人的终身发展服务，让"教学"升华为"教育"。

2. 学科课程教学的实施有助于核心素养的培养

任何学科的教学都不是仅仅为了让学生获得学科的若干知识、技能和能力，而是要同时指向人的精神、思想情感、思维方式、生活方式和价值观的生成与提升。学科教学要有文化意义、思维意义、价值意义，即人的意义。从此角度而言，核心素养的达成，也依赖各个学科独特育人功能的发挥、学科本质魅力的发掘，只有乘上富有活力的学科教学之筏，才能顺利抵达核心素养的彼岸。

诚如上文所言，就内容而言，核心素养是知识、技能和态度等的综合表现，学科课程教学承担着向学生传授知识与技能，培养学生的学习态度，树立科学的价值观和人生观的任务，因此在学科课程教学中，要自然地将核心素养培养潜移默化地进行下去，达到培养学生核心素养的目的。

3. 核心素养的培养有利于学科综合的形成

核心素养指向"教育要培养什么样的人"，因此其范畴超越了行为主义层面的能力，涵盖态度、知识与能力等方面，因此体现了全人教育的理念。在现实教学中，我们可以发现，相当多的时候，我们的学科教学中存在着各司其职的现象，即学科教学只关注学科的知识和技能目标，情感态度和价值观的培养虽也潜藏在教学中，但其受重视程度远低于知识与技能的学习。但实际上，我们可以发现，各学科教学中都存在着相当多的共同点。如核心素养中提到的语言素养，就是属于各学科的，而非专属于语文学科。由此可见，核心素养的提出，消除了学科壁垒，从而形成以核心素养体系为基础的各学科教学的综合，让各学科教学实现统筹统整，而这正是培养学生综合能力的有利条件，也是培养未来社会需要的人才的基础。

二、学科核心素养的意义

如前文所言，学生发展核心素养的形成需要各学科在教学中帮助学生形成一种具有学科特质而又含有跨学科特点的能力和品格。因此它是核心素养在特定学科（或进行某一领域学习）的具体化，是学生学习一门学科（或进行某一领域学习）之后所形成的、具有学科特点的成就（包括必备品格和关键能力），是学科育人价值的集中体现。它具有独特的特点和积极的意义。

1.利于核心素养的培养

学科课程教学与学科素养之间有着极其重要的联系，这决定了学科核心素养与核心素养之间的关系。而核心素养的培养要利用学科课程教学的进行，学科课程教学中学科核心素养的培养就是核心素养落地的抓手。由此可见，学科核心素养的培养有利于核心素养的培养。

2.决定着学科教学的方向

学科核心素养因其是核心素养在学科教学中的体现和落实，因此它指导着学科课程教学，是教师进行学科教学时培养学生核心素养的依据。教师只有深入学习和掌握学科核心素养，才能在学科教学中跳出学科看学科，让学科教育不限于学科，实现学科之间的贯通、学科与生活的贯通、学科与学校活动的贯通、学科与大教育的贯通。

三、学科核心素养的特点

学科核心素养无论是对于核心素养的落实还是学科教学，均有着极其重要的意义。那么，学科核心素养具有怎样的特点呢？

1.学科性

学科性是学科核心素养最根本的特性，它是由中小学学科教育划分方式决定的。这种学科划分决定了每一学科都有其独特的特性。而学科核心素养就体现在这种学科本质和教育价值之中。它源于学科的本质、性质、特点、功能和任务。其中学科的本质就是一门学科的根本属性，体现在学科的研究对象、基本问题、核心的学科概念与范畴、学科思维方式以及学科独特的育人价值和功能等。

2.科学性和教育性

所谓科学性，是指学科核心素养的提炼一定要符合学生的身心发展规律，利于学生接受，利于学生发展，同时其内容的表达还要准确，不会令人产生歧义，避免教师在教学中随心所欲地对其加以解读。所谓教育性，是指学科核心素养的获得是借助于学科教育实现的。

3. 人本性

所谓人本性是指基础教育的本质是面向人的服务，而学科素养也是服务于人，基于人，以人为本，对人产生积极的价值，进而满足个体在今后的学习、工作和生活中的需求，满足社会健康和可持续发展的需要。

四、学科核心素养的载体

学科核心素养并非凭空形成的，它是学生通过某学科的学习而逐步形成的，因此学科知识与学科活动就是学科核心素养形成的两翼。其中学科知识是学科核心素养形成的主要载体，学科活动是学科核心素养形成的主要路径。因此，要让学科知识真正成为学科核心素养的载体，就要把握好学科大概念和学科结构。

1. 理解学科大概念

所谓学科大概念，是指反映学科本质及其特殊性的、构成学科框架的概念，"它是一种高度形式化、兼具认识论与方法论意义、普适性极强的概念。大概念不仅仅是一个简单的词语，它背后潜藏着一个意义的世界，它超出了一个普通概念的应有内涵与外延，它是学科思想和理论及其体系的负载体"。要理解这一概念，可以从学科知识和学生学习的角度入手。

从学科知识关系的角度来看，大概念处于学科知识金字塔的顶端，具备最强的解释力，最高的抽象性、概括性、包容性。如果用形象的语言描述，那么大概念就是学科知识体系的细胞核，其内含遗传密码，最具再生力、生发力和预示力，是最具活性且繁殖力最强的一种知识类型，是其他知识得以生发与依附的主根。倘若将学科知识看作具有"内核＋围绕带"的结构，那么大概念就位于其最中心圈层，在其外围，其他知识按与它的逻辑关系依次排列，进而形成"众星捧月"式的结构。在这一结构中，其他知识是核心知识的生存背景与着生土壤，是学生理解、消化核心知识的垫脚石与助跑器。

从学生学习的角度看，学科大概念是一种学科思维方式、学科思想方法，是一种认识武器，是学生认识世界的一种"眼光""心态""尺度"。形象地说，大概念是一个"纲"，纲举目张；大概念如一条线，将知识串联起来。总之，抓住了大概念，学科的其他知识和相应的教学活动都可以被"提起来"，被"牵扯"出来。因此，大概念教学是学科整个教学活动的连心锁，是赋予学习活动以整体性的关键。

总之，作为学科知识的精华所在，作为最有价值的知识，作为最能转化为素养的知识（最有素养含金量的知识），学科大概念是理解学科核心素养的重要前提。只有理解了它，才能在选择教学内容，注意体现"少而精"的原则，注意从有助于实现学生的"精细化"学习的角度入手，让学生真正地消化和吸收知识，进而促成知识向素养转化的同时，减轻学生的学业负担，形成其学科核心素养。

2. 把握学科结构

学科知识不是学科各个知识点简单的排列和堆积，而是一个有结构的有机整体。"学科之所以为'学科'，而不是简单概念与知识要点的堆砌，其中非常重要的原因就在于学科有着自己独特的结构，学科知识之间存在着不可割裂的内在联系，掌握了学科的关系与结构，学生就能从整体上把握学科及学科知识。"因此，要形成学科核心素养，还要注意把握学科结构。

何为结构？简言之就是事物的联系，其表现为组织形式和构成秩序。学科结构，就是学科知识之间形成的有机的整体。众所周知，知识间存在着客观的内在联系，这种联系反映于科学知识本身的逻辑关系以及人类认识科学知识的序列之中。只有采用利于学生学习的知识结构，才能提升学生的学习效率，进而利于学生把握学科核心知识，提升核心能力，形成学科核心素养。关于学科结构，我们可以从静态和动态两个角度来理解。

从静态方面而言，学科知识之间倘若形成经纬交织、融会贯通的网络，就可以帮助学生在头脑中将知识"竖成线，横成片"，或"由点构成线，由线构成面"，从而形成由点、线、面筑成的立体式的整体知识结构网络。这就如同在学生的头脑中形成思维导图的架构，从而利于学生记忆，让学习变得容易。从动态方面而言，学科知识结构的形成构成了一个自我再生力强的开放系统，从而可以充分挖掘学科知识结构的特点，发现其区别于科学知识结构的特有的功能。如此一来，就可以让学科知识前后内容互相蕴含、自然推演，在思想上为学生提供一个由已知到未知的通路，进而有利于学生形成一个具有生命力的处于运动中的思维网络，使之深刻领会各个概念的实质，掌握蕴含在各个概念相互关系中的各种推理思维模式。

总之，学科结构强调的是学科知识的整体联系性，正是由于所有的知识均处于联系之中，而每个知识又都有与其联系的知识，于是我们才能理解其产生及意义。而教师借助这种呈现方式，可以让知识在学生的头脑中生动形象起来，进而让学生的知识学习超越规定的教学内容，把学生带到更深远的知识海洋中去。

主题2　对不同学科核心素养的分析

核心素养将学生视为完整的生命个体，关注个体成长所需的必备素质和核心能力，而这一目标是借助于各学科协同的"共同作用"得以实现的。于此角度而言，以核心素养为着眼点的教学，就要注意改变学生培养方式，由分解式变成整合式。这种变化就基于对不同学科核心素养的培养。所谓分解式，就是将学生成长所需要的东西分解为每个学科，每个学科分别完成各自的教学目标。这种分解式的教学模式，强调学科的独立性，忽视了作为教育对象的学生个体是一个完整的人。而整合式教学模式则将各学科的核心素养具体化为学科的学习内容和学习过程，着眼于整体的"学生应具备的适应自身发展和社会发展需要的必备品格和关键能力"，而不是进行任务的分解。而要做到这一点，就需要我们把握不同学科的核心素养，从而发现其相通相融之处。

一、语文学科核心素养

学科核心素养是核心素养的下位概念，受核心素养引领，且为达成核心素养服务。对于语文学科来说，核心素养包括社会参与、自主发展、文化修养三大领域，主要涉及国家认同、国际理解、沟通与合作、学会学习、主动适应与创新、语言符号与表达、人文与审美等，最终指向"全面发展的人"。

1.语文学科核心素养的内容

语文学科核心素养应有以下四方面内容：一是必要的语文知识，包括语言文字、文学审美、人文素养等知识；二是具有较强的识字写字、阅读与表达（包括口语与书面语）能力；三是语文学习的正确方法和良好习惯；四是独立思考能力与丰富的想象力。语文知识、语文能力、语文品质三者构成了语文核心素养的有机整体。下面，我们从知识、能力、品质三个角度来分析语文学科核心素养。

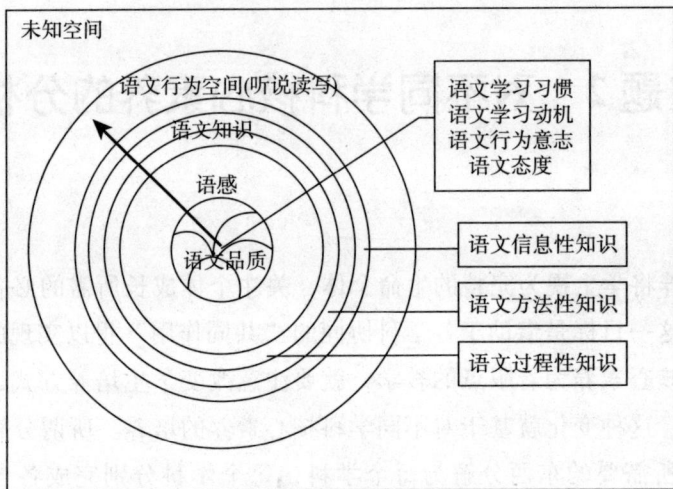

（1）必要的语文知识。

依据现代认知心理学的划分，知识可分为陈述性知识、程序性知识和策略性知识三大类。就语文学科而言，陈述性知识，即信息性知识，主要包括汉字知识、发音知识、语法修辞知识、实用文章的表达方法知识等。程序性知识，也即方法性知识，可以为实践技能的形成定向，直接指导技能的练习和形成，如"如何品评和选用词语""怎样辨识和选择句式""怎样才能整体把握文章的意义""怎样欣赏和评价文学作品"，等等。当然，当前方法性的知识在语文课程中还是比较贫乏的。策略性知识，也是过程性知识，是对学习方法进行选择、运用和调整的知识，策略性知识主要有识字策略、假想读者的策略、选择语料的策略、言意转换的策略、还原语境的策略、联想意义的策略、全程阅读的策略等。当前，语文学科的策略性知识存在大量的空缺。

从内外层次上看，语文信息性知识处在外层，知识间的横向联系疏松，而方法性与过程性知识处在内层，越向内，知识间的联系越紧密。从迁移上看，信息性知识处于外层，几乎没有迁移性，方法性知识和过程性知识处于内层，越往内，迁移性越强。从知识与能力的关系来看，越处于深层次的知识，与能力的关系越紧密，即语文能力与语文信息性知识之间的关系不大，而同方法性知识、过程性知识有密切的关系。

要注意的是，在言语活动中，语文知识具有直接的工具性作用，是语文能力"运作"的对象，而且在学习过程中具有容易得到也容易遗忘的特点，所以语文知识处于语文素养结构的最外层。

（2）语文关键能力。

语文学科核心素养具有"理解""运用""思维"和"审美"四个维度。语言理解能力，即能读懂文本内容，了解写作特点，积累优美而有新意的语用材料，初步具有语感。语言运用能力，即能在书面口头表达中尝试进行个性表达，具有语言思维能力。即能在阅读表达中，主动思考，运用联想与想象，对文学作品具有初步的批判意识的个性评价。初步的审美能力，即能感知到汉字之美，具有热爱祖国的语言文字的情感，感受到人性之美，具有初步的、独特的审美体验。

（3）语文必备品质。

语文品质是语文核心素养结构中情意因素的统称，它是整个语文活动的"动力—维持调节"系统。它主要包括语文学习习惯、语文学习动机、语文行为意志、语文态度。

语文学习习惯，即在一定情境下自动地进行言语活动的特殊倾向。良好的语文学习习惯能促使学生有效地听说读写，也是其确立正确语文学习态度的开端。语文学习动机是学生进行语文活动的原动力。它的作用是使学生的言语活动得以激发、维持和有所导向。调动学生的认知内驱力，提高学生的自我效能感，将有利于激发和保持学生的语文学习动机。语文行为意志是一个自觉地克服困难去完成某项任务（如听说读写），以实现语文学习动机的心理状态。它是调节、控制言语行为的内部力量。语文态度，实际上就是学生对语文的高级情感，它具体表现为对本民族语言文化的热爱上。

语文品质同语文知识、语文能力比较起来更抽象、更稳定，它对言语活动具有十分重要的影响，具有动力性功能，故处在语文素养结构的中心位置。

2.语文学科核心素养的特征

学科核心素养是学科本质观和学科教育价值观的体现和反映，它既是一门学科对学生核心素养发展独特贡献和作用的体现，又是一门学科特有的教育价值在学生身上的体现和反映。语文学科因其学科特点，其学科核心素养也具有自己的特征。

（1）独特性。

语文学科核心素养区别于其他学科核心素养的本质特征是语文思维品质。语文思维作为学生在语文学习过程中不可缺少的思维形式，其实质是学生利用语言文字符号作为思维的载体，对一切与语文有关的事物、现象和社会文化生活等进行认识和发现的心理过程。因此，语文学科核心素养的重要目标之一就是对学生语文思维品质的培养和提升，要注意学生思维的流畅性，注意学生对语言文字符号使用的正确性，注意学生解决问题的条理性，注意学生进行逻辑推理的严密性等，从而使学生的语文知识、语文能力和语文审美素质等获得实质性的发展。

（2）统领性。

语文学科核心素养是一根主线，统领着语文课程和教学的各个方面。从宏观方面来说，它统领着语文课程的内容、课程结构和评价标准等。从微观方面来说，它统领着教学目标的设计、教学重难点的确定、教学方法的运用、教学容量的安排等。这些都让语文学科核心素养体现出统领性。

（3）阶段性。

语文学科核心素养培养的着重点在不同人生阶段中有所不同，如此才能在个体特定的教育阶段更容易取得教育效果。比如，同是对语文思维品质的培养，小学低年级就要侧重对学生形象思维的培养，小学高年级则需要侧重对学生抽象思维的培养，而到了中学阶段，就需要在形象思维与抽象思维发展的基础上，培养并提升学生的聚合性思维、发散性思维、创造性思维、决策性思维等思维品质。因此，语文学科核心素养的培养，要注意在小学、初中、高中等不同教育阶段，针对学生对核心素养的培养存在不同的敏感性而有针对性地进行培养。这说明，语文核心素养要根据小学、初中、高中不同学段确定不同的内容，在不同学段，学科核心素养的侧重点均应有所不同。这体现了语文学科核心素养培养的阶段性。

（4）持续性。

语文核心素养是在特定情境、日常生活和语文教育教学过程中慢慢生成并发展起来的，具有持续性的特点，这种持续性包括两层含义：其一，语文核心素养是语文教育的基本任务，各个阶段的语文教育都应该有一个总的教育理念与制度安排，以配合这个基本任务的完成与实现；其二，不同教育阶段之间的语文核心素养应注意衔接与过渡，如果不考虑衔接，不仅会造成语文教育的低效，更会造成学生发展的低效。

（5）共同性。

语文核心素养面向的是未来社会的全体公民，是各社会成员过上满意的生活、适应终身发展需要所必须具备的，它强调教育的过程与功能。也就是说，语文核心素养是每一个学生适应未来社会发展所需要的共同素养。这决定了其共同性的特点。

（6）终身性。

语文核心素养贯穿于人的一生，它不仅着眼于学生当下的语文学习，同时还对学生未来的学习和生活产生持续的影响，其中，语文核心素养的阶段性与持续性的特征，决定了对语文核心素养培养，必须根据不同年龄阶段学生身心发展的规律，合理设置发展目标，优化教学内容，选择最佳的培养策略，以期使学生的语文核心素养能够有计划、有系统、分层次地进行。同时，语文素养"是学生全面发展和终身发展的基础"，它是学生在原有语文知识、能力、经验和情感的基础上生成的稳定持久的语文思维品质与语文能力，其内容是与时代发展和社会要求紧密联系在一起的，因此其作用还可以延长到学生的未来和终身，这也就使得语文核心素养具有了终身性的特征。

【案例】

一、学生人格雏形的形成

小学语文肩负着培养学生良好习惯的任务，我们应该在语文教学中灌输给孩子尊敬师长、友爱同学等好习惯。

二、夯实学生听说读写书的基础，做到"六个一"

首先，学生要有一定的识字量、词汇量，小学阶段应该掌握3000个汉字、7000个词汇，这些字词必须是学生能够灵活运用的有积极意义的字词。其次，学生要写一手好字。小学阶段的语文学习，识字写字是基础，我们必须教育我们的孩子写好硬笔字。再次，小学毕业的时候能够写一篇好文章，这篇文章无论从习作内容还是写作技巧上都能够让读者细细品味。再其次，要有好口才，语言表达能力的训练是部编教材十分重视的语文素养之一。最后，要养成一种好习惯——天天阅读的习惯。

三、提高学生阅读素养

阅读素养是学生进行语文学习必须掌握的核心素养，而阅读能力的培养是教育的核心，因为任何一门有教科书的课程都是通过阅读来实现的。现在的许多家长陷入了为孩子疯狂报辅导班的误区，其实投入最少、产出最多的学习方式就是阅读。阅读的过程可以培养学生自理、自立的能力，一个人学会了阅读，他就积累了学习和发展的能力，同时也就获取了自学和独立思考的能力。我们的社会是一个终身学习、终身思考的社会，学生需要一个会主动思考的大脑，叶圣陶先生曾经说过"教是为了用不着教"。学会阅读恰恰就培养了孩子自学和独立思考的能力。

四、阅读是创新思维的萌芽，培养独立的思考能力

一千个读者就有一千个哈姆雷特，我们今后的教育方向是培养学生独立思考的能力，发展学生的创新思维。

五、积淀民族优秀传统文化，培养学生审美情趣

我国有着悠久的历史和深厚的文化底蕴，我们应该告诉我们的学生，作为中

国人，我们应该为自己的文化感到骄傲和自豪，我们中国文化的基因一定要代代相传。

中国教育学会小学语文教学专业委员会理事长崔峦老师在第十五届全国小学低段部编语文教材研讨会上深刻阐述了部编版教材指引下小学生学习语文应该具备的五个核心素养。这五个核心素养是依据小学阶段的学生发展特点和语文学科核心素养而确定的，体现了语文学科核心素养的阶段性、统领性等特点。

二、数学学科核心素养

数学学科核心素养是以数学课程教学为载体，基于数学学科的知识与技能而形成的重要的思维品质和关键能力。它是在数学知识与技能学习的过程中形成的，有助于学生深刻理解与掌握数学知识与技能。

1.数学学科核心素养的内容

数学学科核心素养反映在人们处理问题的思维角度。具备数学素养的人在遇到问题时，会从数学的角度看待问题，用数学的思维方法思考问题，用数学的方法解决问题。而数学学科核心素养，归结起来包括以下几方面：

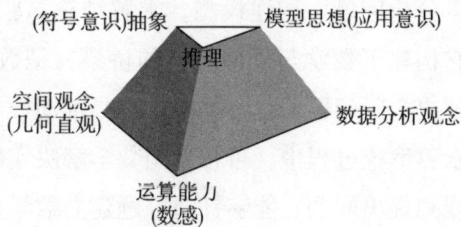

（1）数学抽象。

数学抽象是指舍去事物的一切物理属性，得到数学研究对象的思维过程。主要包括：从数量与数量关系、图形与图形关系中抽象出数学概念及概念之间的关系，从事物的具体背景中抽象出一般规律和结构，并且用数学符号或者数学术语予以表征。它是数学的基本思想，是形成理性思维的重要基础，反映了数学的本质特征，贯穿于数学产生、发展、应用的过程中。它使得数学成为高度概括、表达准确、结论一般、有序多级的系统。

在数学抽象核心素养的形成过程中，积累从具体到抽象的活动经验，学生能更好地理解数学概念、命题、方法和体系，能通过抽象、概括去认识、理解、把握事物的数学本质，能逐渐养成思考问题的一般性习惯，能在其他学科的学习中主动运用数学抽象的思维方式解决问题。

（2）逻辑推理。

逻辑推理是指从一些事实和命题出发，依据逻辑规则推导出一个命题的思维过程。逻辑推理主要包括两类：一类是从特殊到一般的推理，推理形式主要有归纳、类比；一类是从一般到特殊的推理，推理形式主要有演绎。它是得到数学结论、构建数学体系的重要方式，是数学严谨性的基本保证，是人们在数学活动中进行交流的基本思维品质。

在逻辑推理核心素养形成的过程中，学生能够发现问题和提出命题；能掌握推理的基本形式，表述论证的过程；能理解数学知识之间的联系，建构知识框架；形成有论据、有条理、合乎逻辑的思维品质，增强数学交流能力。

（3）数学建模。

数学建模是对现实问题进行数学抽象，用数学语言表达问题、用数学知识与方法构建模型解决问题的过程。数学建模主要包括：在实际情境中从数学的视角发现问题、提出问题，分析问题、构建模型，求解结论，验证结果并改进模型，最终解决实际问题。它构建了数学与外部世界的桥梁，是数学应用的重要形式。数学建模是应用数学解决实际问题的基本手段，也是推动数学发展的动力。

在数学建模核心素养形成过程中，可积累用数学解决实际问题的经验。学生能够在实际情境中发现和提出问题；能够针对问题建立数学模型；能够运用数学知识求解模型，并尝试基于现实背景验证模型和完善模型；能够提升应用能力，增强创新意识。

（4）直观想象。

直观想象是指借助几何直观和空间想象感知事物的形态与变化，利用图形理解和解决数学问题的过程。直观想象主要包括：借助空间认识事物的位置关系、形态变化与运动规律；利用图形描述、分析数学问题；建立形与数的联系；构建数学问题的直观模型，探索解决问题的思路。它是发现和提出数学问题、分析和解决数学问题的重要手段，是探索和形成论证思路、进行逻辑推理、构建抽象结构的思维基础。

在直观想象核心素养形成的过程中，学生能够进一步发展几何直观和空间想象能力，增强运用图形和空间想象思考问题的意识，提升数形结合的能力，感悟事物的本质，培养创新思维。

（5）数学运算。

数学运算是指在明晰运算对象的基础上，依据运算法则解决数学问题的过程。数学运算主要包括理解运算对象、掌握运算法则、探究运算方向、选择运算方法、设计运算程序、求得运算结果等。它是数学活动的基本形式，也是演绎推理的一种形式，是得到数学结果的重要手段。数学运算是运用计算机解决问题的基础。

在数学运算核心素养形成的过程中，学生能够进一步发展数学运算能力；能有效借助运算方法解决实际问题；能够通过运算促进数学思维发展，养成程序化思考问题的习惯；形成一丝不苟、严谨求实的科学精神。

（6）数据分析。

数据分析是指针对研究对象获得相关数据，运用统计方法对数据中的有用信息进行分析和推断，形成知识的过程。数据分析主要包括收集数据，整理数据，提取信息，构建模型对信息进行分析、推断，获得结论。它是大数据时代数学应用的主要方法，已经深入到社会生活和科学研究的各个方面。

在数据分析核心素养形成的过程中，学生能够提升数据处理的能力，增强基于数据表达现实问题的意识，养成通过数据思考问题的习惯，积累依托数据探索事物本质、关联和规律的活动经验。

数学抽象、逻辑推理、数学建模反映的是数学基本思想，是核心素养中最重要的数学思维品质。另外三个方面的核心素养（数学运算、直观想象和数据分析），则是学习数学的关键能力和方法。抽象、推理和建模同时也是学习数学的重要能力。所以说，"数学发展所依赖的思想在本质上有三个——抽象、推理、模型。其中抽象是最核心的。通过抽象，在现实生活中得到数学的概念和运算法则，通过推理得到数学的发展，然后通过模型建立数学与外部世界的联系"。由此可见，数学核心素养反映了数学的基本思想和学习数学的关键能力。

2. 数学学科核心素养的特征

数学学科核心素养不等同于数学知识与技能，是高于数学的知识与技能，指向于学生的一般发展，反映数学学科的本质与及其赖以形成与发展的重要思想，有助于学生未来终身发展，因此它具有本学科的一些特征。

（1）综合性。

综合性指的是对数学基础知识、学习态度和思考能力等多方面的综合体现，其中基础学习能力和知识要求学生在学会了基本的运算方法、推理计算等基本能力之外还需要学习思考使用何种方法解决问题。这是一种综合性的能力，而数学的基础知识和能力是这一能力实现的基础。数学核心素养能促进学生对基础知识更进一步的理解和学习。

进一步分析，我们可以发现，数学基础知识和基本能力可以被看作数学核心素养的外显表现。在数学学习过程中，学生需要综合运用多种知识、能力和思想考虑问题，解决问题。这其中的知识、能力和思想是融合在一起的，是学生原有的知识、能力与思想的不断提升，是学生对原有的知识与方法和当下情境的整合，进而形成对某一问题新的理解与认知。这一过程就是综合运用知识与技能和设计方法的过程，既是对所学知识的深刻理解，又是重要数学思想形成的过程。于此角度而言，数学学科核心素养始终是基于基础知识和基本能力实现的，并且外化于运用基础知识和基本能力解决问题的过程。在这个过程中，数学基本思想与学习态度等核心素养总是表现出内隐的特质。

（2）学科性。

数学核心素养总是具有数学的学科属性，这种学科属性与数学学科内容的特征和数学思维密切联系。数学的知识与技能又蕴含与之密切相关的数学思维品质和关键能力。因此，数学核心素养总是与一个或多个学习内容有关，体现出数学学科自身的特征。

（3）关键性。

数学核心素养是学生在学习数学过程中应达成的思维品质和关键能力。数学课程与教学的设计和实施过程，都需要学生在理解和掌握知识与技能的过程中运用不同的思想、方法、技能和技巧。但并不是数学学习中所有的方法和能力都能成为数学核心素养，数学核心素养是反映数学学科发展特点的，理解和解决一类数学问题的思想和能力，不是只适用于特定的内容和特定情境的方法。

（4）阶段性。

在数学学习过程中形成核心素养是学生终身受用的，数学学科核心素养也是在学习的不同阶段逐渐形成的。数学核心素养的阶段性是指核心素养表现出不同层次和水平，不同学段学生的核心素养表现出不同水平。由于每个学生的学习能力不同，他们在数学核心素养的表现方面也会出现不同水平、不同阶段的差异，这就好比对于同一个问题，不同年级的学生学会解决的方法不同，解决起来也会有难有易、有快有慢，理解能力和思维能力也会有所差异，因此会出现不同层次的人对不同阶段数学核心素养理解不同的现象，这种情况是一个需要深入研究的问题。

比如就对数的认识而言，随着年级的增高，学生学习的数和认识的数在不断拓展，于是学生在对数的认识的学习内容不断拓展的同时，对数的抽象水平也不断提升。在此过程中，学生基本的思考方式虽然相同，均从数量抽象为数，但思维的水平在不断提高。这种抽象思维在不同阶段呈现出不同的水平，反映出学生抽象思维发展的不同阶段。这说明，数学核心素养的水平和层次划分是一个复杂的问题，不同的核心素养均有各自的特点。

（5）持久性。

持久性是指数学核心素养关注的是学生终身受益的思维品质与关键能力，其不仅在学生学习数学知识的过程中值得关注，在以后的工作和学习中同样有着重要的作用，有助于学生使用学到的思考方式思考并解决问题。可以说，数学知识与技能并不是一朝一夕就能学会的，需要长期的实践积累才能获得，而且数学技能是学生长久地拥有并运用的能力，是学生一生的财富。比如数感与数的抽象是学生在小学阶段认识数所需要的能力，同样在中学乃至大学也需要这样的能力。学习数学需要抽象能力，学习其他学科也同样需要抽象思维。数学学习以外的学习，以及生活与工作中遇到的现实问题，也需要抽象思维。抽象思维将会伴随学生的终身，这体现了这一核心素养的持久性。

【案例】

核心素养	关键能力	表现水平划分		
		水平一	水平二	水平三
数学抽象	抽象出数或图形	能在具体事例中辨认出数或图形	能利用数或图形等概念表述一类事物或进行判断	能从抽象的角度分析思考问题，在一般意义上解释具体事物
	抽象出数量关系	能识别简单情境中的数量关系	能利用适当的方式描述稍复杂情境中的数量关系	能用不同的方法或从不同角度描述较复杂情境中的数量关系
	抽象出图形关系	能识别简单情境中的图形关系	能利用适当的方式描述稍复杂情境中的图形关系	能用不同的方法或从不同角度描述较复杂情境中的图形关系
逻辑推理	合情推理	能在简单的情境中，凭借经验和直觉推断出某些结果	能在稍复杂的情境中，通过观察、计算等，提出简单的数学猜想	能在较复杂情境中，通过归纳、类比等，自主获得简单的数学发现
	演绎推理	能根据定义（规则）进行简单的推理	能根据定义（规则）进行稍复杂的推理	能在变式情境中依据定义（规则）进行稍复杂的推理

上表是与小学数学核心素养部分相关的内容。从表格中可以看到，对于学科核心素养中的数学抽象、逻辑推理的要求设置了三个不同的水平，其表现内容也与学生的年龄和能力的发展相对应。这说明了数学学科核心素养的特点。

三、英语学科核心素养

英语是一门外国语言学科，其背后体现的是一种文化和一种思维，因此就学科核心素养来说，其离不开语言、文化和思维。故这一学科核心素养的内容和特征也紧紧围绕语言学科的特点。

1.英语学科核心素养的内容

英语学科核心素养主要由两部分组成：其一是必备品格，其二是关键能力。这两部分的具体内容如下。

（1）必备品格。

必备品格包括文化品格和思维品质。文化品格是指对中外文化的理解和对优秀文化的认同，是学生在全球化背景下表现出的知识素质、人文修养和行为取向，是价值取向。思维品质是指人的思维个性特征，是心智特征，反映在其思维的逻辑性、批判性、创新性等方面所表现的水平和特点。

强调文化品格的培养，有利于帮助学生加强国际理解，增强国家认同感和家国情怀，学会做人做事，成长为有文化修养和社会责任感的人。另外，文化品格还包括学生在英语学习过程中表现出来的情感、态度与价值观。思维品质是学生通过英语学科的学习而得到的心智发展。它的发展有助于提升学生分析问题和解决问题的能力，从跨文化的视角观察和认识世界，对事物作出正确的价值判断。要注意的是，思维品质存在学科的差异，在英语学科里，思维品质主要指与英语和英语学习有关联的思维能力。培养学生的思维品质强调三个方面，即思维的逻辑性、批判性和创新性，而非一般意义上的思维能力。

（2）关键能力。

关键能力包括语言能力和学习能力。语言能力是指在社会情境中，以听、说、读、看、写等方式理解和表达意义、意图和情感态度的能力，是学科基础。学习能力是指学生积极运用和主动调适英语学习策略，拓宽英语学习渠道，提升英语学习效率的意识和能力，是发展取向。

英语语言能力构成英语学科核心素养的基础，是学生发展文化品格、思维品质和学习能力的依托。它的提高有助于学生拓展文化视野，丰富思维方式，在全球化背景下开展跨文化交流。学习能力构成英语学科核心素养发展的必要条件。它的形成有助于学生做好英语学习的自我管理，养成良好的学习习惯，拓宽学习渠道，提高学习效率。

总之，英语学科核心素养均与英语和英语学习有关联性，有其学科属性。这四个方面的核心素养彼此关联，有些素养相互之间存在交叉和重叠之处。

【案例】

（1）听：能通过重音、语调、节奏的变化理解说话人所表达的意义、意图和情感态度；能通过听，抓住日常生活语篇的大意，获取其中的主要信息、观点和文化背景。

（2）说：能口头简要描述自己或他人的经历，表达观点并举例说明，介绍中外传统节日和中国传统文化；能在口语表达中，根据交际场合和交际对象身份的不同，选择恰当的语言形式，如正式或非正式、直接或委婉，进行日常交际，表达意义和意图，保持良好的人际关系；能借助手势、表情等非语言手段提高交际效果；能通过重复、解释、提问等方式克服交际中的语言障碍，维持交际。

（3）读：能在阅读中抓住日常生活语篇的大意，获取其中的主要信息、观点和文化背景；能区分语篇中的主要事实与观点，能预测语篇的主要内容；能识别语篇类型和结构，能辨识和分析语篇的文体特征及衔接手段，能识别语篇为传递意义而使用的主要词汇和语法结构；能识别语篇直接陈述的情感、态度、价值观和社会文化现象。

（4）写：能以书面形式简要描述自己或他人的经历，或续写结尾，或表达观点并举例说明，介绍中外传统节日和中国传统文化；所用词汇和语法结构能够表达主要意思；能运用语篇的衔接手段构建书面语篇、表达意义，体现意义的逻辑关联性。

这是高中英语核心素养中关于语言能力部分的核心素养具体的培养内容。由此我们可以看到，这些相应的要求体现了英语学科的特点，是围绕学科核心素养详细展开的。

2.英语学科核心素养的特点——价值性

英语学科核心素养的培养，强调突出对学生的语言能力和思维能力的培养，对于学生学科能力的提升，对于学生核心素养的培养起着相当重要的作用。因此英语学科核心素养四个方面的内容的共同特点就是价值性。

（1）英语语言能力作为英语学科核心素养的基础，具有独特的价值。

英语语言能力为学生发展文化意识、思维品质和学习能力打下基础。我们知道，英语教育就是要在学生对英语语言的学习和运用中，发展学生的文化意识、思维品质和学习能力。同时，学生英语语言能力的提高又反过来帮助学生更好地扩展文化视野，丰富思维方式。因为借助于英语学习，学生可以由汉语的思维方式中走出来，去接触、体会和发现不同的思维方式，进而了解更多的文化知识，理解其各自的文化内涵以及文化背后的社会背景。如此一来就可以帮助学生在全球化背景下，逐步拓宽文化视野，发展跨文化交流的能力。

（2）文化品格引导下的文化意识，体现了英语学科核心素养的价值取向。

文化品格的形成，帮助学生树立世界的眼光，增强对国家的认同感，培养学生的家国情怀。尤其是学生可以在文化意识的培养过程中，学会作为个人和公民应该如何承担起自己的社会责任，学会做人、做事，成长为有文化修养和社会责任感的人。

（3）思维品质主要体现了学生的心智发展特征以及心智发展水平，其价值在于有助于学生分析问题、解决问题能力的提升。

相比英语课程标准提出的要培养学生分析问题和解决问题能力的要求，英语学科核心素养提出了思维品质目标，于是在英语学科内容学习和学科活动进行过程中，学生分析问题、解决问题的能力得到培养，学生可以学会从跨文化的视角观察和认识世界。于是借助于语言、思维与文化相结合的活动，学生得以对事物作出正确的价值判断，促进学生开展深度学习。可以说，倘若英语学科核心素养教育缺少对思维参与的培养，仅限于表层的或表面的学习，那么就无法达到学科核心素养培养的目标，更谈不上对学生核心素养的培养。

（4）学习能力要素的价值。

学习能力是学科核心素养发展的必要条件。形成自我管理的良好学习习惯是学生终身发展的重要条件，同时也是学生学会拓宽学习渠道和提升学习效率的保障。

四、物理学科核心素养

物理学科核心素养是学生在接受物理教育过程中逐步形成的适应个人终身发展和社会需要的必备品格和关键能力，是学生通过物理学习内化的带有物理学科特性的品质，是学生科学素养的重要构成。

1. 物理学科核心素养的内容

物理学科核心素养主要由"物理观念""科学思维""科学探究""科学态度和责任"四方面构成。

（1）物理观念。

物理学是研究物质基本结构、物质运动最一般规律、物质间相互作用的一门科学。它是从物理学视角形成的关于物质、运动与相互作用、能量等的基本认识，是物理概念和规律等在头脑中的提炼和升华，是从物理学视角解释自然现象和解决实际问题的基础。它主要包括物质观念、运动观念、相互作用观念、能量观念及其应用等要素。

由于核心素养是在真实情境中解决问题时才能表现出来的，因此在物理观念素养中，尤其强调应用这些观念解决实际问题。这体现了对学生科学探究和思维加工能力的培养，也体现了发展学生提出问题、分析问题和解决问题能力的宗旨。这些均有利于学生形成学科思想。

（2）科学思维。

所谓科学思维，就是具有意识的人脑对科学事物（包括科学对象、科学过程、科学现象、科学事实等）的本质属性、内在规律及事物之间的联系与相互关系的间接和概括的反映。作为物理核心素养，这是从物理学视角对客观事物的本质属性、内在规律及相互关系的认识方式；是基于经验事实建构理想模型的抽象概括过程；是分析综合、推理论证等方法的内化；是基于事实证据和科学推理对不同观点和结论提出质疑、批判、检验和修正，进而提出创造性见解的能力与品质。它主要包括模型建构、科学推理、科学论证、质疑创新等要素。

模型建构是一种认识手段和思维方式，是学生根据研究问题情境，在对客观事物进行抽象和概括的基础上构建易于研究的、能反映事物本质特征和共同属性的理想模型、理想过程、理想实验和物理概念的过程。它有助于帮助学生抓住事物的关键要素，加深对概念、过程和系统的理解，形成系统思维。

科学推理是在科学教育研究和实践中所提出的，它包括逻辑上的归纳推理、演绎推理和类比推理，还包括分析与综合、抽象与概括、比较与分析等思维方式，以及控制变量、组合推理、概率推理、相关推理、因果推理等推理形式。

科学论证是以科学知识为中介，积极面对问题，对所获得的数据资料进行解释说明，提出自己的论点，反思自己和他人的论点并提出反论点，同时能反驳他人的质疑和批判的高级思维能力。

质疑创新的核心是科学创造力。科学创造力是在科学知识学习、科学问题解决和科学创造活动中，根据一定的目的、运用一切已知信息，在新颖、独特且有价值（或恰当地）产生某种产品的过程中表现出来的智能品质或能力。

（3）科学探究。

科学探究是人们探索和了解自然、获得科学知识的主要方法，是指提出科学问题、形成猜想和假设、设计实验和制订方案、获取和处理信息，基于证据得出结论并做出解释，以及对科学探究过程和结果进行交流、评估、反思的能力。它主要包括问题、证据、解释、交流与合作等要素。

科学探究的主要特点在于以证据为基础，运用各种信息分析和逻辑推理得出结论，公开研究结果，接受质疑，不断更新和深入。在一般情况下，问题、证据、解释、交流与合作等要素在科学探究过程中按"提出问题—做出假设—制订计划—收集证据—处理信息—得出结论—表达交流—反思评价"的顺序呈现。

（4）科学态度与责任。

这是指在认识科学本质，理解科学、技术、社会、环境（STSE）关系的基础上，逐渐形成地对科学和技术应有的正确态度和责任感。它主要包括科学本质、科学态度、社会责任等要素。

科学本质是指对科学知识、科学研究过程、科学方法、科学精神、科学的历史、科学的价值、科学的限度等方面最基本特点的认识，是一种对科学本身全面的、哲学性的基础认识。

科学态度是个体对科学对象、科学现象、科学过程、科学事实、科学理论、科学研究等所持的稳定的心理倾向，主要包括好奇心、实事求是、追求创新、合作分享四个方面。

社会责任主要包括科学伦理和STSE两部分内容。它要求在进行物理研究和物理成果应用时，要知道考虑伦理和道德的价值取向，并能遵循人们普遍接受的伦理道德规范，理解科学技术的本质，理解科学、技术、社会与环境的关系（理解人类活动对自然环境、生活条件和社会变迁的影响，以及科学技术对于社会和经济发展的重要推动力量，理解社会需求是推动科学技术发展的动力），热爱自然，具有保护环境、节约资源、促进可持续发展的责任感。

2.理解物理学科核心素养的关键

物理学科核心素养具有不同的水平，这是基于问题解决的视角，从问题情境的复杂程度、知识背景的抽象水平、素养应用的品质高低三个维度划分的，体现了基于学生实际，循序渐进地培养学生的学科核心素养的目的。但要准确地理解物理学科核心素养，关键要把握好对以下问题的理解。

（1）对科学思维的理解。

在理解科学思维时，要注意以下几方面：一是科学思维的特征。科学思维具有两个特征，即精确性与近似性的统一，抽象性和形象性的统一。二是科学思维的基本形式。科学思维的对象是一个多层次、多结构、多序列的完整网络，各种特质及其运动之间的相互关系、相互作用形成一个有机的整体。而人类对科学事物的反映和认识，就是在一点、一方面、一个层次、一个角度进行着，并在积累大量知识和经验的基础上，形成对科学事物的立体的、完整的认识。因此，对于科学思维，我们要从不同的方面、不同的角度获知关于科学事物本质属性外部表现的材料并进行加工改造。根据思维材料的不同，科学思维可分成科学抽象思维、科学形象思维、科学直觉思维三种。三是科学思维的基本方法。自然科学在长期的发展过程中形成了一系列基本的思维方法，主要包括分析与综合、抽象与概括、比较与分类、逻辑推理、类比思维、臻美思维等。

（2）对科学探究的理解。

对于科学探究，可以从以下几方面加以理解：一是科学探究是获取知识的主要途径，是借助于多种方法寻找证据、运用创造性思维和逻辑推理解决问题，并通过评价与交流等方式形成共识的过程。二是科学探究围绕已提出和聚焦的问题设计研究方案，通过收集和分析信息获取证据，经过推理得出结论，并通过有效表达与别人交流自己的探究结果和观点。三是通过科学探究形成共识的科学知识在一定阶段是正确的，但是随着新证据的增加，会不断完善和深入，甚至会发展变化。四是科学探究不仅是一种综合能力，而且是物理学习的主要方式。在科学探究中，要掌握分析、综合、比较、分类、抽象、概括、推理、类比等思维方法，发展学习能力、思维能力、实践能力和创新能力，以及运用科学语言与他人交流和沟通的能力。

（3）对科学本质的理解。

科学本质观是一个结构化的观念系统，不同的历史时期和不同的人对科学本质的认识不尽相同。美国科学促进会在《面向全体美国人的科学》一书中，将科学本质观概括为三个层次，即科学知识的本质、科学研究的本质和科学事业的本质。

对于科学知识本质的理解，在于认识到世界是可以认识的、科学是可变的、科学不可能解决所有的问题。对于科学研究本质的理解，要立足于科学讲究证据、科学是逻辑与想象相结合的产物、科学用于解释和预测、科学试图确定和避免偏见、科学反对权威。对于科学事业本质的认识，要立足于科学是一种负责任的社会活动、科学被分成专门领域并在不同情况下进行研究、科学研究中存在普遍的伦理原则、科学家既作为专家又作为公民参与公共事务。

五、化学学科核心素养

化学学科核心素养是学生在化学认知活动中发展起来并在解决与化学相关问题中表现出来的关键素养，反映了学生从化学视角认识客观事物的方式与结果的水平。这一素养不仅体现了学生从化学视角对客观事物能动的反应方式，而且反映了学生对客观事物能动反应的结果。因此，化学学科核心素养同时具有指向认知结果的结果属性和指向认知过程的过程属性。

1. 对化学学科核心素养的理解

对于化学学科核心素养，要从化学学科核心素养的结果属性和过程属性两方面加以理解。前者体现为化学学科核心素养是学生通过化学课程学习所建立起来的、具有化学学科特质的结构化知识、思维方式与品质。后者表现为个体在面对复杂情境时综合运用化学思维、化学知识与探究技能解决化学相关问题的品质与关键能力。

2. 化学学科核心素养的特点

学科核心素养是以中国学生发展核心素养为指导，基于学科特质与学科任务，为培育全面发展、社会需要的人而提出的关键素养。因此，学科核心素养是具有学科特色的素养。

（1）凸显化学本质特征。

化学区别于其他学科的本质特征体现为：化学在原子、分子的微观水平上研究物质及其变化，从微观层次上揭示物质及其变化的基本规律，以化学符号或模型表征物质及其变化。化学学科核心素养中的"宏观辨识与微观探析""证据推理与模型认识"等要素，强调从微观粒子及其相互作用的视角认识物质世界，根据物质微观结构预测物质性质及其反应，运用多种模型描述和解释化学现象，使用"宏观—微观—符号"三重表征表示物质及其变化等，很好地凸显化学学科的特征。

（2）反映化学基本问题。

物质及其变化是化学研究的基本问题。这一问题的解决，强调运用实验、假说、模型、分类等方法，通过以化学实验为主的多种探究活动开展对物质及其变化的研究，并从元素的宏观视角认识物质及其变化的规律，从粒子的微观层面揭示物质及其变化的本质。因此，化学学科的基本问题、问题解决的方法与途径以及应形成的基本认识，在"宏观辨识与微观探析""变化观念与平衡思想""证据推理与模型认识""实验探究与创新意识"的化学学科核心素养上得到很好的体现。

六、生物学科核心素养

生物学科核心素养是公民基本素养的重要组成部分之一，是学生在解决真实情景中的生物学问题时所表现出来的必备品格和关键能力。

1.生物学科核心素养的内容

生物学科核心素养主要包括生命观念、科学思维、科学探究和社会责任等。具体来说，这几方面的内容如下。

（1）生命观念。

生命观念包括结构与功能观、进化与适应观、稳态与平衡观、物质与能量观等。就学科核心素养培养的角度来讲，生命观念的培养要明确理解以下几点：首先，生物学概念只有结构化，并在概念的网络上才能赋予其意义。将概念整合为网络，需要从概念中总结提炼生命观念。生命观念贯通概念体系，生物学知识才有灵魂，生物才能学"活"。其次，生命观念是自然观、世界观的有机组成部分。世界观是指人们对世界的总的观点和根本看法。对整个世界的根本观点和根本看法，主要就是回答世界是什么、世界怎么样、世界是否可知这三个问题。马克思主义自然观包括物质观、时空观、运动观、系统观。从生物学概念和规律中提炼、升华形成的生命观念，统领生命的物质性与特殊性、生命系统层次性、生命系统的结构与功能过程、生命的历史与发展等认识，这是深刻理解自然、建立辩证唯物主义世界观不可或缺的基础，是形成关于生物界和生物科学技术价值观念判断的基础。

（2）科学思维。

对于所谓科学思维，一般主要是讨论其中的"思维工具"。比如能够基于生物学事实和证据运用归纳与概括、演绎与推理、模型与建模、批判性思维等方法，探讨、阐释生命现象及规律，审视或论证生物学社会议题。

科学认识活动中的科学思维，其目标指向是科学研究领域中的客体及其关系，包括：通过定性实验、结构分析实验等，揭示科学研究对象的性质、结构和功能；通过析因实验、判决实验、回溯推理，揭示事物间的因果联系，由此说明原因；运用归纳与演绎、分析与综合、比较与类比、收敛思维与发散思维等思维工具，揭示事物演化发展的规律。这样广义的科学思维包括科学探究。

因此，生物学课程中的科学思维，要以生物学事实、概念为基础。生物学概念是科学思维的"细胞"，同时，生物学概念的建立，生物学所揭示的生命现象之间的因果联系和生物学规律，也无法离开以科学思维为工具。在尝试获取证据、运用证据与逻辑的过程中，需要设计并进行实验，需要科学思维。在思维过程中，抽象与概括、归纳与演绎、分析与综合又彼此关联。

（3）科学探究。

科学探究，是指能够发现现实世界中的生物学问题，针对特定的生物学现象进行观察、提问、实验设计、方案实施以及结果的交流与讨论的能力。在探究中要乐于并善于进行团队合作，勇于创新。

（4）社会责任感。

这里的社会责任是指基于生物学的认识，参与个人与社会事务的讨论，作出理性解释和判断，尝试解决生产生活中的生物学问题的担当和能力。学生应能够以造福人类的态度和价值观，关注涉及生物学的社会议题，参与相关讨论并作出理性解释，辨别迷信和伪科学；形成生态意识，参与环境保护实践；主动向他人宣传健康生活和关爱生命等相关知识；结合本地资源开展科学实践，尝试解决现实生活中与生物学相关的问题。

总体来看，生物学科核心素养的四个方面都与价值观念、品格和关键能力有关，它们在价值观念、品格和能力的层面上达成统一，共同组成生物学科核心素养。

2. 生物学科核心素养各方面之间的关系①

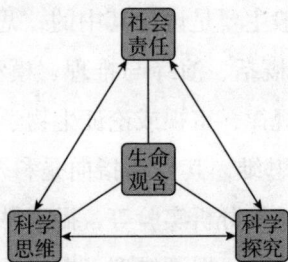

由上图可知，在生物学科核心素养形成的过程中，以及形成后的综合素养中，生物学科核心素养的以上四个方面之间构成立体关联的整体，均指向人的发展，这是立体的、融通的架构，共同体现生物学科主要的育人价值。四个方面之间的关系如下。

（1）生命观念是生物学科核心素养的核心。

生命观念是构成生物学科核心素养的生物学特质，是生物学科育人价值最为显著的表现，居于突出的位置。生命观念的建立，需要以概念为支撑，需要以思维为工具；生命观念对价值观念、品格的形成起到支持作用，因此与社会责任有关联。科学探究是概念形成的途径，也就自然成为观念建立的途径。可见，生命

---

① 改编自《课程·教材·教法》2018 年第 8 期第 86 - 91 页。

观念与其他三个方面都有密切联系。

（2）科学思维是生物学核心素养能力因素的关键部分。

科学思维既要以概念为思维的细胞，又是概念形成的工具，它自然也是生命观念建立的工具。科学思维是科学探究的基础，也在科学探究中磨砺。同时，在"社会责任"的"担当、能力"中，科学思维自然是不可或缺的。科学思维与其他三方面有密切联系。

（3）科学探究是生物学作为科学的重要特征。

一个人进行科学探究的过程和结果，建立的概念、观念，磨砺的思维能力，在其履行社会责任中得以运用。科学探究与另外三方面也有关联。

（4）社会责任是一个人在社会生活中品格、能力外显的途径。

社会责任的实现，离不开另外三方面的支撑，又集中反映综合素养水平。因此，它是其他三方面与社会、与生活建立联系的连接点，是核心素养在社会生活中外显的衔接点。

七、地理学科核心素养

地理学科核心素养是最能体现地理学科价值的关键素养。其内容丰富，不但涉及个体的知识、能力、方法、观念、品德，而且涵盖由训练和实践而获得的技巧与能力。

1. 地理学科核心素养的核心要素

地理学科核心素养的内容围绕区域认知、综合思维、地理实践、人地观念四个核心要素构建，旨在促进学生个体的全面发展和终身发展，引导学生适应社会发展并掌握现代科技，促进个体与社会环境共同发展，最终实现个人成功与社会环境的可持续发展。

（1）区域认知。

个体出于实践和发展的需要，根据一定的指标和方法将地球表层划分为不同尺度、不同功能、不同类型的区域进行认识。个体通过分析区域的整体性和差异性，把握地理要素相互作用的机理，探讨区域之间的联系，评价区域开发的条件与方式，进而促进区域发展。因此，认识和理解区域、评价和规划区域、促进区域的交流和发展，是学生未来参与社会生活、体现个体存在价值的基本认知需要。

（2）综合思维。

综合思维是地理学的基本思维方式。地理学的研究对象复杂多变，自然、人文和社会要素相互联系、相互影响。在不同的区域范围内，各要素有不同的组合，而且地理事物又处于不断变化之中。因此，在综合思维培养过程中，地理学不仅要研究地球表面各要素的统一，也要考虑各要素之间的变化和发展。

（3）地理实践。

地理实践不仅是传统意义上课堂外的地理观测、地理调查，而且包括课堂内的教具制作、问题讨论、地图绘制、地理实验，是学生实践能力的综合表现。学生具备地理实践能力，有助于应用地理知识和方法、锻炼环境适应能力、培养发现并解决问题的能力及树立自信心、责任感、团结协作等品质。

（4）人地观念。

人地关系即人类活动与地理环境的关系，是地理教育最核心的内容。人地观念直接反映人类对地理环境的观念和导向。在分析和解决各种地理问题时，正确的人地观念是解决地理问题的有效途径，有助于实现人与自然和谐相处。

2. 地理学科核心素养的性质

地理学科核心素养的提出，不但展现了地理学科对人的核心素养发展的独特贡献与作用，而且体现了地理学科独特的育人价值。因此，这一学科的学科核心素养有着自己的特点。

（1）综合性。

地理学科核心素养是在特定情境下综合应用地理知识、技能和态度解决问题的必备品格和关键能力。它是"知识与技能""过程与方法""情感、态度与价值观"合而为一的整体表现。它描述了学生进行地理学习后应该具备的品格和能力。这里的品格指的就是情感、态度与价值观，能力指的是知识与技能。

（2）包容性。

地理学科核心素养是一个大的概念，这体现在它是用人地协调观、综合思维、区域认知、地理实践力，审视和串联整个地理学科的内容，并以地理概念为逻辑起点，把握地理学科内容的内在结构与关系，进而梳理出地理教学的逻辑结构；再以教学逻辑结构为指引，进行教学的设计和组织。从这一角度出发，梳理地理教学逻辑结构，再凭借其指导教学实践，是地理学科核心素养"落地"的有效路径，从而避免了由核心素养直接到教学实践，更利于核心素养的培养与教学实践的融合。

（3）相对性。

地理学科核心素养的四个要素之间既有各自的内涵，同时又相互联系、相互交叉，各要素两两之间存在交集，不可分割。从类型上看，人地观念是基本价值观，综合思维和区域认知是基本思想和方法，地理实践是基本活动经验。每个要素均有自己独特的内涵与作用。就相互关系而言，综合思维和区域认知是利用地理学特有的学科视角去发现、分析、解决地理问题，从联系与区别的视角观察、解释世界。在分析、解决地理问题的过程中进行地理实践，使用地理技能与方法，从而让学生在真实的情境中观察、感悟、理解地理环境及其与人类活动的关系，进而帮助学生更好地分析、认识和解决人地关系问题，促进他们人地观的发展。而综合思维和区域认知两个要素更是在认识地理问题的过程中紧密地联系在一起，二者相辅相成。

（4）阶段性和连续性。

首先，地理学科核心素养根据核心素养的维度、表现水平和问题情境划分为五个等级水平。随着水平和层次的上升，问题的情境越来越复杂，对核心素养具体维度的表现水平也要求越来越高。其次，随着学生思维的发展，结合学生学习能力呈现出的阶段性和连续性，地理学科核心素养也表现出阶段性和连续性。阶段性是指不同学段的学生接受与其学习能力相匹配的素养教育；连续性是指核心素养的培养在学段上是一个整体，是一个循序渐进的过程，前一阶段是后一阶段的基础，从而促进学生地理学科核心素养的发展。

八、思想政治学科核心素养

思想政治学科涉及经济、政治、文化、哲学等领域的知识，这些知识让学生在认识和参与社会生活中发挥着重要的作用。因此，培养学生的思想政治学科核心素养，是帮助学生树立正确人生观与价值观的有效途径，也是引导青少年制订长远规划不可或缺的重要因素。

1.思想政治学科核心素养的要素

思想政治学科核心素养经逐级细化后可分成五个要素，即知识素养、学习力素养、思维力素养、情感素养和行动力素养。

（1）知识素养。

知识素养就是思想政治学科的基本知识，它是学生必须学习的，也是教师在学科教学中务必使学生掌握的，使学生将来更好地为社会生活服务。

（2）学习力素养。

学习力素养是指思想政治学科信息素养和学习准备素养。思想政治学科的信息素养不仅指运用学科专有术语及方法处理信息的能力，还包括利用现代多媒体技术在大数据时代分析处理相关信息的同时还能构建学科新知识的能力。它是进行思想政治学科知识学习的主客观准备，包括主观的学习态度和客观的原有知识准备。要注意的是，学习力素养与学生原来的相关素养水平息息相关，在培养学习力素养时要对学生原来的情况进行了解和掌握。研究表明，学生学习素养的强弱，受到其自身学习准备素养的影响，其中学生原有的知识准备影响明显，可达50%；学习态度则要稍微小些，也有25%。

（3）思维力素养。

思维力素养也就是学习思想政治学科所需要的思维能力和思维品质。与思想政治学科有关的思维品质突出表现为抽象思维、逻辑思维、思辨思维、批评和创新思维。

（4）情感素养。

情感素养是指在学习思想政治学科时学生的学习兴趣、学习态度、人生态度以及个人价值与社会价值的统一。思想政治学科除了它本身的学科知识之外，它还具有德育性，能传授给学生正确的"三观"（世界观、价值观、人生观），教育学生成为"四有"（有理想、有道德、有文化、有纪律）公民，为社会培养"五爱"（爱祖国、爱人民、爱劳动、爱科学、爱社会主义）公民。因此，学生必须具备相应的情感素养。学生是有情感的个体，情感素养对学生的终生发展有着方向性的指导作用，它是在知识素养、学习力素养、思维力素养的基础上的一种升华和内化。

（5）行动力素养。

行动力素养是指学生在学习了思想政治学科后，在学科知识的基础上和已经内化的情感基础上，所作出的实践性行为。学生的行动素养既包括应用思想政治学科知识支持某种论断、表达和主张个人立场的能力，也包括应用思想政治学科知识和社会经验与技能参与社会实践的能力。学生学习思想政治学科最终的目的是为了实践。

2. 思想政治学科核心素养的特点

（1）可塑性。

可塑性是指学生的心理发展易受环境和教育的影响。前面已经提及素养和素质的最大区别就是素养更强调后天的培养，因此思想政治学科核心素养是先天禀赋与后天教养的"合金"，这就说明思想政治学科核心素养是具有可塑性的。

（2）整体性和系统性。

这里所谓的整体性，是指思想政治学科核心素养的构成是一个整体，每一个核心素养都很重要，缺一不可。这里所谓的系统性，是指思想政治学科核心素养构成是一个有机整体，每个核心素养都是一个要素，有序地运转。思想政治学科的知识体系包括经济、政治、文化三方面，让学生从一个整体去了解社会；同时也强调知识的先后顺序，从经济生活开始，经济决定政治，政治是经济的反映；再到文化的学习，文化由一定的经济、政治决定，又反映经济、政治；最后深入学习哲学，哲学属于文化范畴，由浅到深。思想政治学科的知识层层递进，有序展开。从思想政治学科的教学内容可看出对学生学科核心素养的培养也是从整体性和系统性出发的，做到教育内容和教育目的指向的一致性。

（3）连续性和终身性。

这里所谓的连续性，是指学生从小学到初中的道德与法治的学习开始，直到高中的政治学科的学习，是一种相互衔接的过程，为大学的德育课学习做铺垫。同时，思想政治学科核心素养不仅影响学生的学习，而且会影响学生将来的工作，让学生能够发展成为更健全的个体，更好地适应未来社会生活的发展和变化。因此，思想政治学科核心素养又具有终身性的特点。

九、科学学科核心素养

科学学科的核心素养是学生在接受科学教育过程中逐步形成的适应个人终身发展和社会发展需要的必备品格和关键能力，是学生通过科学学习内化的带有科学学科特性的品质，是科学学科育人价值的集中体现。鉴于科学学科与物理学科在学科核心素养培养上的相通之处，在此，我们重点了解科学学科核心素养的内容，其中与物理学科核心素养的相同的内容，就不多阐述。依据科学学科发展核心素养和科学学科的本质，科学学科的核心素养主要包括以下几方面内容。

1.科学观念及其应用

科学观念是学生形成的关于物质、运动、相互作用、能量等的基本认识，是科学概念、规律、原理等在头脑中的提炼和升华，是用科学观念解释自然现象和解决实际问题的能力。进行科学核心素养的培养要重视引导学生深度理解科学观念，学会在真实情景中应用科学观念。

知识是能力的基础，但二者之间并不是非此即彼的关系。因此，要发展学生的科学观念，就要重视概念和规律等在学生头脑中的提炼和升华。因此，科学观念及其应用成为科学学科的核心素养，并非由于在科学教育研究的过程中重视概念学习，而将科学概论的学习当作科学教育的目标，科学教育的目标应该是实现一个趋向于核心概念的发展过程。

2.科学思维与创新

科学思维与创新主要包括模型建构、科学推理、科学论证、质疑创新等要素。其中，科学思维是具有意识的人脑对科学事物（包括科学对象、科学现象、科学过程、科学事实等）的本质属性、内在规律性及事物间的相互联系和关系的间接和概括的反映。科学思维与创新成为科学学科的核心素养，一是由于科学学科的基本特征就是观察、实验与思维相结合，二是学生发展核心素养的重要成分就是学会学习、批判性思维与创新，三是21世纪以来的科学教育研究尤其重视科学论证、模型思维和科学推理。关于这些要素的讲解，我们在前面有关物理学科核心素养的内容中已经讲过，在此不多陈述。

3. 科学探究与交流

科学探究是人们探索和了解自然、获得科学知识的主要方法，是提出科学问题，形成猜想和假设，获取和处理信息，基于证据得出结论并做出解释，以及对科学探究过程和结果进行交流、评估、反思的能力。科学探究的主要特点就是以证据为基础，运用各种信息分析和逻辑推理得出结论，公开研究结果，接受质疑，不断更新和深入。科学学科将科学探究和交流作为核心素养的一部分，一是为了给学生提供充分的进行探究式学习的机会，逐步培养学生收集和处理科学信息的能力、获取新知识的能力、分析问题和解决问题的能力以及交流与合作的能力等，使其形成尊重事实、善于质疑的科学态度，突出学习能力、创新精神、实践能力以及批判性思维和创造性思维能力的培养。

4. 科学态度与责任

科学态度与责任是指在认识科学本质，理解科学、技术、社会、环境关系的基础上，逐渐形成地对科学和技术应有的正确态度以及责任感。它主要包括科学本质、科学态度、社会责任等要素。关于这一点，在前边有关物理学科核心素养的内容中已经介绍过，在此不多阐述。

主题3 学科核心素养的培养原则与策略

由对学科核心素养的分析可以发现，发展学生的学科核心素养，关键是要走出"知识理解"的教学围栏，由"知识理解"向"知识迁移"过渡，再向"知识创新"提升。"知识迁移"的核心是"过程与方法"，"知识创新"的核心是学科思维。教师在学科教学中要围绕学科核心素养这一目标，在学科教学中注意采用科学的原则和策略。

一、学科核心素养培养的前提

教师要培养学生形成学科核心素养，就要清楚地认识到课堂教学是学生学科核心素养培养的重要途径和渠道，课堂教学方式影响着学生学科核心素养的形成和发展，甚至影响着学生核心素养的形成和发展。要培养学生的核心素养，就要重视课堂教学方式的改变，打破传统的知识分工（有人创造知识，有人传授知识，有人接受知识），将研究方式转化为教学方式，同时转变知识观、教学观。

1.围绕学科核心素养的培养，创新课堂教学模式和学习方式，让师生关系发生变化，让课堂呈现出独特的特点

（1）教师要注意营造学生参与度高的课堂教学氛围，通过与学生共同开展教育教学活动，引导学生进行自我重构，并将新知识按照自己的理解和逻辑整合到自身知识框架中，从而激发学生的学习热情，为学生学科核心素养的培养创造条件。

（2）要注意在提升课堂自由度的同时，在内容整合的基础上不断向知识的深度和广度延展，从课堂不断向社会生活延伸，为学生的进一步探究留下足够的空间，在潜移默化中影响学生，进而陶冶学生的情操，增强学生的学科体验及对学科知识的感知力。

（3）要提升课堂练习度的面，加强教学的整合度。就练习的设置而言，其更多地关注了练习的深度和广度，而不是数量。就练习的深度而言，应考虑不同层次学生的差异，通过形式的灵活变化，让不同层次的学生均能发挥个人所长，均得到提升，从而培养其自信心，达到培养和提升学生学科核心素养的目的。为了达到这样的目的，教师要对教材进行科学的处理，进行巧妙整合，进而在提升学生练习广度的同时提升学生的学科核心素养。

2.清楚核心素养导向的教学机制，科学组织课堂教学

（1）要从学科知识入手，为学科核心素养形成提供载体，让学科知识以其特有功能影响学生学科核心素养的形成。为此，教师在教学时要紧扣学科大概念、学科结构、学科本质和学科情境进行教学。

（2）要借助学科活动，寻找到学生学科核心素养培养的途径。某种能力只有在需要相应能力的活动中才能得到培养，某种素养也只有在需要相应素养的活动中才能形成，因此借助于学科活动，可以培养学生的学科核心素养。不过要注意的是，学科活动的教学机制要注意体现学科活动注重实践、强调思维、突出自主性的特点。

3. 注意提升自己的能力，为学生学科核心素养的培养创造条件

教师要认识到，无论是学科知识的学习，还是学科活动的设计和组织，虽然都是以学生为主体，体现学生的自主性，但是倘若学科教师不存在，那么学生学科核心素养的形成就缺少了主要的条件。因此，核心素养导向下的教学机制中，学科教师承担着重要的作用——是学科核心素养形成的主要条件。这就要求教师要从知识教学走向素养教学，从知识型教师转变为素养型教师。

（1）提升自己的学科素养，以自己对所教学科和内容的热爱，感染和影响学生，唤起学生对学科学习的热爱，促使其主动投入到对学科知识的学习之中。为此，教师要注意深入且独立地钻研教材、分析教材，深入挖掘教材的内涵，从而让教学达到深入浅出的境地，形成自己独特的教学风格，以专业的知识和广博的知识影响学生，进而给学生留下难以磨灭的印象，创设出富有生机的课堂，从而为学生核心素养的培养创设条件。

（2）提升自己的教育素养，以自己的教育素养影响学生。这表现为尊重学生的个性与潜能，尊重学生的学习规律，不以个人意志强行要求学生；信任学生，相信学生的潜能一旦得到合适的机会就会焕发出生机和活力；保护学生独立学习的能力，不越俎代庖，在意识到自己的责任的同时，更注意开发学生的责任意识。

4. 科学地运用学科评价，为学生学科核心素养的形成提供保障

教师要认识到，学科教师所运用的学科评价手段对学生学科核心素养的形成会造成影响，因此要科学地运用学科评价机制，为学生学科核心素养的形成提供保障。为此，在教学中，教师要对学生采用立足于以核心素养为本位的学业质量观的评价方式，将关注的重心放在学生对于复杂的、具有不确定性的学科问题的解决能力上，放在学生个人对知识的建构、解读和感悟上，放在学习方法和学习

习惯性。教师可以借助于问题情境的创设，借助于问题的提出，对学生进行学科知识与能力的科学评价。而学生在此过程中不仅获得新知，体验学习的乐趣，而且培养了运用学科知识解决实际问题的能力。

二、学科核心素养培养的原则

学科核心素养的培养除了要注意在相关的前提下进行，还要注意的就是在培养学生学科核心素养的过程中应坚持必要的原则，如此方能保证学生学科核心素养的培养落到实处。

1. 科学定位原则

学科核心素养导向下的教学，除了要坚持"学生为主体，教师为主导"的新型师生观，倡导"自主、合作与探究"的新学习方式，教师还要更新教育教学观念，提升学科专业水平和教书育人技能，重新定位自己的角色。

当前，由于新课程改革的步伐过快，教师获得的相应的培训支持不能及时到位，因而造成了课堂教学模式和教学方式变化多端，尤其是学生学习小组不断兴起，让相当多的教师在角色定位上"失守"。他们或者固守教师本位，变成教育教学的主宰；或者表面上是新浪潮的迎合者，实则迷失自我；或者在变与不变中东张西望、不知所措。之所以出现这样的问题，关键就在于面对学科核心素养和核心素养的培养，教师缺乏对自己角色定位的真正领悟与坚守。为此，教师要认识到，教师是学生成长与发展的引领者、陪伴者，学生是成长的人，是学习的人，教育的目的就是教会学生做人，教会学生做事。教师的职责就是在学生学习和生活的过程中尽可能多地引导与培育学生生命成长与发展的核心素养，引导和陪伴学生最好地成长与发展。如此一来，教师才能利用学科教学活动载体，以学科核心素养为中心，有温情地、创新地促进学生健康优秀的发展，而不会只成为学科专业知识的说教者。

2. 学科核心素养培养本质原则

要在学科教学中培养学生的学科核心素养，教师就要坚持学科核心素养培养本质原则。所谓学科核心素养培养的本质，就是教师帮助学生建构自我知识结构，让学生在自主完成学科知识与经验累积后形成对学科本质、学科特征、学科规律、学科价值的认识，以及与之相关地对世界的一般看法。为此，教师在教学中，在坚持这一原则的基础上，首先要树立"立德树人""以生为本"的教学观，明确在教学过程中，知识的传授和能力的培养虽然重要，但培养学生的道德品质同样重要，要在了解学生的基础上，将学科核心素养的培养融入学科的学习内容与教学过程中。其次，教师要了解和掌握进行基于核心素养的课堂教学的方法，要清楚所教学科的本质，梳理学科核心素养与学科本质之间的关系，以及学科核心素养下的教学如何彰显学科教学独特的育人价值，从"学科教学"转向"学科教育"。为此，教师要在课堂上积极捕捉、发现、利用学生的经验、感受、创意、见解、问题、困惑，使之成为教学过程的生长点；注重开发和利用身边的资源，安排学生从事课外实践活动，引导学生将书本知识转化为自身实践能力；借助于多种教学方法，引导学生进行调查和讨论、探究，在学科教学中培养学生对学科的兴趣，为其将来的发展奠定基础。

3.结构系统原则

为了培养学生的学科核心素养，教师要坚持结构系统原则，理清教学中知识的结构，帮助学生建立起科学的知识结构系统，进而培养学生的学科核心素养。首先，教师要在学生刚接触一门新的课程或一章新的知识时，向学生们宏观地、清晰地介绍一下每一章、每一节的主干知识框架，构建起基本的支撑，然后再依附主干进行分支的蔓延、知识的细化。这样，学生的学习过程就符合认知的一般规律：先整体后局部，先简单后复杂。其次，教师要在每个章节学习完后，要求学生们根据自己的学习情况，结合老师之前提供的知识框架，绘制自己所掌握的知识精细框架模式图，将脑海中还不太清晰的、朦胧的知识结构体系具体化、直观化，强化对知识的理解和记忆。最后，教师要在日常练习的过程中，帮助学生将之前各章节相对独立的知识体系通过综合性习题的考查应用在大脑中进行空间三维衔接，融汇知识体系。

如此进行下来，随着知识的丰富和延伸，学生的知识结构体系网络会变得越来越复杂，纵横交织得越来越紧密。在教师的引导下，学生就会形成科学的知识索引流程，熟悉知识结构体系中知识点的搜索定位路径，达到知识识记和应用的有机结合，培养学科核心素养。

4.过程控制原则

核心素养导向下的课堂教学中，学科知识是学生学科核心素养形成的主要载体，而课堂教学和学习的过程，就是学生学科核心素养形成的过程。因此，在学生学科核心素养培养过程中还要坚持过程控制原则。所谓过程控制，就是指在课堂教学过程中，教师要注意把握好学生学科核心素养培养的节奏和层次，不急功近利，进而影响学生学科核心素养的形成。

首先，教师要升级教学目标，围绕学生学科核心素养的培养进行结构性调整。其根本原则就是要在重视对学生学科基础素养培养的同时，强化学科高级素养的培养，即学科核心素养的培养。这就是说要将学科核心素养（特别是其中的创新能力）作为重要的教学活动因素，使之发挥"指挥棒"的引导作用，让学与教更多关注学科高级素养的培育。

其次，教师要注意整合课程内容，让学科核心素养的培养目标与其精准对接。为此，教师在组织课堂教学活动时，要注意教学内容与核心素养（即教育重点目标）的联系，要体现教学内容与核心素养联系的密切程度，要细化教学内容，合理调整教学目标，将目标分解与细化；根据培养目标对高级素养的强调进行课程内容的结构性调整，遵循"准"与"好"的要求，体现"量少而精准"，从而有利于学科核心素养培养目标的实现。

最后，教师要改变"教与学"的方式，体现学生核心素养的培养。一方面，教师在教学方式上要注意倡导启发式、探究式、讨论式、参与式教学，从而激发学生的好奇心，培养学生的兴趣爱好，营造独立思考、自由探索、勇于创新的良好环境，以实现培养学生核心素养的目的。另一方面，教师要让学生学会发现学习、合作学习、自主学习。这是因为学习方式中的发现学习直接对应学生创新能力的发展，合作学习则直接对应合作能力的培养。

三、学科核心素养的培养方法

学科素养是学科教育的灵魂，学科核心素养是核心素养落地的抓手，是核心素养的具体化。为此，要培养学生学科核心素养，教师就要注意一些科学的方法。

1. 知识教学与文化教学相结合的方法

知识教学与文化教学相结合，是实现知识迁移和知识创新的必要前提。我们知道，文化教育是知识教育的拓展，将教育内容从知识扩大到整个文化，强调的不仅是让学生学习静态的知识，而且要使学生受到学科文化全面的熏陶，包括对创造知识的源泉、动态的历史过程的认识，形成科学的理想、信念、精神、价值观和人生观。教师不仅是知识的传授者，更是文化的传播者；其职责不仅是教书，更是育人。学生受益的不仅是知识的增长，而且是文化的熏陶。学生不仅要学会读书，更要学会做人。教师要正确认识知识与文化的关系，清楚教育是以知识教育为核心的文化教育，知识本身兼有科学与人文二重性，因此教育理应是以知识教育为核心的文化教育，相应地，教学就要围绕基础知识的教学去展示知识的文化内核，强调创造科学知识的人的作用，正视知识发展的历史烙印和真理的相对性，突出知识的文化性、精神性，注重培养学生的怀疑精神、批判意识和创新能力。

为此，教师要明确，学生学科核心素养生成的本源是知识，于学生而言，对基础知识的理解和基本技能的形成是其学科核心素养生成的前提和条件，是学科核心素养的一级水平，是知识理解水平（与"双基层"相对应）。学科核心素养的二级水平是知识迁移水平（与"问题解决"相对应）。知识迁移是指学生把所理解的知识、所形成的基本技能迁移到不同的情境中去，促进对新知识的学习或用来解决不同情境中的问题。学科核心素养的三级水平被称为知识创新水平（与"学科思维"相对应）。知识创新是指学习者能够生成超越教材规定内容的知识，或者对问题进行推广与变式得到新的问题，并能够提出和发现新的问题，形成学科思维。依据这种界定，知识理解、知识迁移、知识创新就是发展学生学科核心素养的三级教学目标。教师在备课时，就要注意体现学科教学目标的层次性，将知识教学与文化教学结合起来。

2. 将结果性知识与过程性知识相结合

知识性教学会重视结果性知识的传授，而忽视过程性知识的传授，导致学生死读书、读死书。因此，教师要在学科教学中培养学生学科核心素状，就要注意将结果性知识与过程性知识的传授结合起来。我们知道，强调结果性知识的教学强调学习即接受。在这样的教学情境下，学生仅为旁观者，无法融入知识的发现过程，成为被动的知识接受者，而非学习的主动参与者。但事实上，能够体现知识创造者的精神和智慧都浸透在知识的形成阶段，而非存在于最终的结果中。学生倘若一味地接受结果性知识的学习，就会失去思考能力，无法体验到创新过程，更无法创新。因此，核心素养导向下的教学，要摒弃单纯的结果性知识教学模式，将知识的产生和发展过程嵌入教学过程之中，让过程与结果相互整合、相得益彰。教师在备课中，要注意采用"由因导果"或"执果索因"的思路，即从原因出发导出结果或找出产生结果的原因，引导学生体验创新。在进行教学设计时，教师应创设恰当的问题情境、提出观察的问题，从而将知识结果教学与知识形成教学结合起来，实现知识迁移和知识创新。

3. 将学科性知识与实践性知识相结合

所谓学科性知识，是指某一学科内部的知识。相对地，实践性知识就是与相应学科知识相关的其他学科知识或与相应学科相关的现实生产生活知识。传统的知识理解的教学主要是针对学科性知识展开的，很少涉及甚至完全抛弃实践性知识，相关的学习内容主要是依据学科体系的完整性、逻辑性、实证性来拟定，教学则围绕学科的知识体系开展，而把学科以外的知识排斥在外。这种教学具有片面性，不能培养学生的实践能力。核心素养导向下的学科教学，要求将实践性知识纳入教学，因此教师在备课时就要走出学科性知识教学的围栏，让实践性知识融入教学过程之中，使学科性知识与实践性知识相互渗透、共同作用。为此，教师在备课时，在教学方法的设计上，就要注意将揭示知识的现实背景或与相应知识相关的其他学科知识的背景结合起来，强调知识的应用；要设计并构建知识应用的真实场景，在学习活动的设计上要以建立学习共同体，营造相互合作、交流、协商的学习环境为主。

4. 将外显性知识与内隐性知识相结合

所谓内隐性知识，是指不以文本形式显性表述的，潜藏于显性知识深层的隐性知识，包括知识的文化元素、知识的过程元素、知识的逻辑元素、知识的背景元素等。这是一种客观存在的知识，它是处于外显知识包裹之中的。核心素养导向下的学科教学，教师在备课时，要更多地体现内隐性的教学元素，开发和利用内隐性课程资源，将外显性知识与内隐性知识结合起来，从而实现知识迁移和知识创新。为此，教师在进行教学设计时，就要首先揭示相关知识的学科文化元素，其次，要揭示渗透在知识中的逻辑和背景知识，最后要让学生有过程性体验（包括对知识产生的体验、知识增长的体验、知识结果的体验、知识应用的体验）。要注意的是，形式逻辑知识是在学习知识的过程中潜移默化地习得的，学生在学习过程中可能会出现知识容易理解而逻辑难以过关的情况，为此，教师在备课时要注意寻找突破逻辑难点的教学策略。此外，教学中的概念和规则往往都有现实的原型，教师在备课时可以借助揭示知识背景，构建帮助学生理解知识的恰当情境。

5. 证实性知识与证伪性知识相结合

我们知道，教学理应是一种由知识的不确定性到知识的确定性的渐进过程。其中，知识的不确定性阶段是指提出问题和判断问题的阶段，证伪在这一阶段扮演着重要角色；知识的确定性阶段则是对知识的确认，证实在这一阶段起着重要作用。实际上，由证伪到证实再到求是这种去伪存真的做法就是人们认识知识、积累知识的思维模式。教师在备课时，要考虑到不将这一完整的过程切断，要让课程与教学回归到人类认识世界、尊重世界、改造世界的思维逻辑轨迹上来。为此，教师在课程设计和教材选材方面，要改变以客观的、普遍的、中立的知识观支配的科学课程，要将科学哲学、科学史、科学与社会等体现科学与人文精神的题材渗透进去；要注意开发本土课程，选择和传承具有我国本土特色的人文课程体系，进而构建本土知识体系的价值观念；要改变以确定性知识一统天下的局面，将一些需要学生作出判断的不确定性知识渗入其中，引导学生通过对不确定性知识的辨析而去理解和掌握确定性知识。同时，在教学过程和教学方法的设计上，教师要注意，无论是新课的引入还是让学生利用所学知识去解决问题，都要注意提倡根据不同知识的类型适时采用"证实—求是""证伪—求不是""证伪—证实—求是"等多种模式。

专题六

核心素养热门问题讨论

　　核心素养的提出，让已经踏入了"信息智能化文明时代"的中国面临着"智本"将超越"资本"成为第一生产要素的时代的到来这一严峻的问题：对核心素养应怎么看、怎么办？肩负着为未来社会培养合格公民的使命的教师，面对着全球化、信息化与知识时代的来临，如何理解和培养学生的核心素养？围绕这一问题，倾听关于此类热门问题的讨论，会让我们在模糊中变得清醒，找到前行的方向。

主题1　关于教师核心素养的问题

如果学校想要在显著影响所有学生学习和学业成就方面获得成功，那么就要关注教师的核心素养问题。因此，关于教师核心素养问题是不能不讨论的话题。

一、在与核心素养有关的教育改革中，教师面临哪些问题

（1）课程内容的遴选与组合。

学校教育最核心的任务就是把一些确定的知识传递给那些还不知道它们的人——学生。学生知晓了这些知识，并且通过了纸笔测试，课程的使命也就完成了。然而，我们没有可能把人类已经掌握的知识在基础教育的 12 年里都传递给学生，所以在与核心素养有关的教育改革中，第一件事就是遴选：遴选出那些"好"的知识、"适合"的知识和"有用"的知识。

（2）课程实施的过程与管理。

教师走进课堂的时候背负着沉重的压力：要在规定的时间、规定的地点完成规定的教学任务。因此，面对核心素养培养任务，如何在规定的教学时间内去完成，这是教师面对的又一个问题。

（3）学习评价的方式与导向。

一般来说，学校教育对学生学习的评价应分为两个维度——终结性评价与表现性评价。终结性评价应该包括对学生学习过程中所留下成果的评价和学生的学业水平考试；表现性评价则包括学生在校期间参与学习活动的表现（学习态度和学习行为）和参与社会生活的表现。前者因其负面作用而不应该使用，但后者在使用时又受到诸多限制，如何解除这些限制又是一个问题。因此学习

评价的方向和导向也就成了一个问题。

二、当教育指向核心素养，教师应该如何"变"

当教育指向核心素养，"知识核心时代"将真正走向"核心素养时代"，学校的任务不再是一味灌输知识，而是给学生未来的发展提供核心能力。教师作为学校教育的主力军，面临着如何改变自己的问题。首要的问题就是教师素养的提升，因为教师的素养将在很大程度上决定核心素养能否在教育实践中真正落实。

（1）面对核心素养的培养任务，教师要从"学科人"升级为"教育人"。

未来的人才应该具备怎样的素质？跨越文化差异、观点差异，与来自不同文化背景的人相互合作，同时具备批判和创新思维等，均至关重要。而这些素质，无一例外都是跨越学科的综合素养。为此，教师要做出以下这些改变。

第一，要研究教育，提升自己的综合素质，培养超越学科教育的"大教育"观念。

第二，要改变教学方式，和学生共同探讨学习，与学生以相同的"学习者"身份出现。

第三，贯彻"教是为了不教"的理念，培养学生的自学能力，给每一位学生都装上自主发展的发动机。

第四，回归本真，打造有温度的课堂。教师要认识到，当传授知识不是教学的唯一目标，当能力、素养、情感成为课堂上教师着重关注的内容，"就有了一个有情感、有态度、不一定完美的教师与一群同样有情感、有态度，不一定完美的学生之间的学习交往。教师将自己置身学习之中，把学生'代入'共同学习的状态，教师可以有情感表达，可以有质疑和追问，更可以坦言自己的未知，甚至求教于学生，只有这样以学习共同体的身份出现的最本真的教师，才会真正打动学生、感染学生、发现学生"。

（2）实现从"知识本位"到"核心素养"的转变。

第一，转变观念。教师要将知识传授与思想方法教学结合起来，在思想上充分认识到思想方法教学的重要性；在教学中充分重视渗透思想方法，提升学生使用思想方法分析问题、解决问题的意识和策略，真正着眼于学生的可持续发展。其次，要注意在教学中正确处理知识传授和思想方法教学之间的关系，即思想方法与知识、技能是融于一体的，思想方法以知识为载体，知识、技能以思想方法为灵魂，二者相辅相成的。

第二，钻研教材。教师要全面了解教材，深入分析教材，把隐含于学科基础知识和问题解决之中的学科思想方法挖掘出来，使其化"隐"为"显"。在教学中，教师要引导学生通过有关学科知识和技能的学习，逐步领会学科思想方法。

第三，在知识形成的过程中呈现学科思想方法。知识形成、发展的过程，实际上也是学科思想方法形成、发展的过程。为此，教师在教学中不仅要重视知识本身，而且要重视引导学生积极参与探索、发现、推理过程，从中领悟思维过程中的学科思想方法。如此一来，学生掌握的知识就是鲜活的、可迁移的，学生的学科素养就会得到质的飞跃。

三、教师对核心素养认识不到位的主要表现是什么

一线教师对核心素养认识不到位主要表现在以下三个方面。

（1）"泛化"。

"泛化"就是把什么都当成核心素养，是对自己原来所做的事情进行一个新的包装，改头换面，简单归入新的核心素养体系中。在21世纪初课改起始阶段就出现了"素质教育是个筐，什么都往里面装"的"标签式"研究，深化核心素养教育应警惕这种"标签式"的热闹。

（2）"异化"。

"异化"就是对核心素养概念存在内涵理解上的差异，坚持原来的某种错误认识，一定要将其说成是核心素养。例如新课程改革开始后，语文教育领域有人认为应试作文也是一种重要的素质，坚持倡导高中要加强应试教育作文研究。这样异化的素质教育观念在十年新课改期间不少，在今后核心素养培养时期一时也不会消失。

（3）"固化"。

"固化"就是将核心素养的框架概念模式化、定型化。核心素养是指向"立

德树人"这个总体人才培养目标的，然而"德"有标准，但没有模式；"人"有个性，更没有定式。核心素养落实到每一门学科、每一个教学专题、每一类教学内容乃至每一堂课，都不可能有一个固定的模式。

四、未来教师要具备哪些核心素养

未来教师主要应该具备以下三类核心素养。

（1）信念素养。

德国哲学家雅斯贝尔斯在《什么是教育》一书中说："教育必须有信仰，没有信仰就不成其为教育，而只是教学的技术而已。作为一名老师，深知教育是一门良心活，只有有了教育的信仰，才能实现教书和育人的统一。不仅仅是授课，更多的是和学生交流，去倾听学生的学习。不只是做'教学的师傅'，而更要做读懂学生的'分析师'。"

（2）信息素养。

信息素养是一种对信息社会的适应能力，涉及信息意识、信息能力和信息应用。今天，年轻人通过网络或其他技术手段，有可能比年长者知道得更早、更快、更全面。所以作为一名教师，具有融信息意识、信息知识、信息技能和信息道德于一体的信息素养非常重要。

（3）创新素养。

未来教师需要有创新意识、创新思维、创新能力和创新人格，适应教育教学的需要，重组课程。知识不再是唯一的力量，甚至不是最重要的力量，创造力、想象力、价值观、个人品质等将重获生机，在教育中拥有与知识同等重要的地位，所以教师需要勇于创新。

五、核心素养时代，教师应该是怎样的角色

中国陶行知研究会会长朱小蔓曾说："只会统一化、标准化教学的老师，不远的未来可能会被互联网取代而'下岗'，只有有独特魅力的教师才符合未来教师的标准。"这句话告诉我们，核心素养时代，教师必须站在学生终身学习、终身发展的立场上，关注学生核心素养的具体落实。

作为学生学习的引导者，教师要落实核心素养，必须做到以下转变：即从知识至上转变到以核心素养为导向；从关注"教什么"转变到关注"学生学会什么"；从对知识和信息的获取转变到帮助学生成为完整意义上的人。

六、核心素养导向下的教师如何理解高质量的学科知识

高质量的学科知识可以从以下三个方面加以描述：

第一，两个层面的知识。学科知识包含两个基本层面：关于事物的知识（简称为"知识"）和关于知识的知识（简称为"元知识"）。

第二，五种类型的知识。"知识"在横向上包含五种相互并列的类型，即经验性知识（操作经验、客观事实等）、概念性知识（概念、原理等）、方法性知识（策略、方法、程序等）、思想性知识（如数学中的化归思想、地理中的系统与整体思想等）与价值性知识（知识的功能与作用以及知识背后所凝结的情感、态度与价值观等）；同样，"元知识"在横向上也包含五种相互并列的类型，即关于经验的知识、关于概念的知识、关于方法的知识、关于思想的知识和关于价值的知识。

第三，五个水平的知识。"知识"和"元知识"在纵向上都包含五个水平的知识，即经验水平的知识、概念水平的知识、方法水平的知识、思想水平的知识和价值水平的知识。

因此，学生学科核心素养的有效培育需要同时引导学生建构和获得两个层面、五种类型和五种水平的知识。因此，在上述学科知识分类学框架下，教师要着重引导学生建构和获得高质量或真正的知识，并将其概括为学科本质，帮助学生通过对学科深层结构的理解来提升他们"分析信息，提出新命题，驾驭知识体系的能力"。

七、既然有"核心素养"，那是否存在"非核心素养"

人的素养是个整体，学校课程是个完整的结构，既不能肢解人的核心素养，也不能肢解课程结构，怎能让课程分别对准核心素养和非核心素养呢？因此，既不能使核心素养功能边界无限放大，又不能使其狭隘化，核心素养只有在立德树

人的整个体系中，与其他因素配合，形成合力，才能发挥其作用，同时，它又必须在整个体系中起核心和统领作用。这就是核心素养功能的合理边界。

核心素养的价值、功能，一是根基性。核心素养是人的必备品格和关键能力，是做人的根本，为学生发展奠定基础。二是支撑性。品格与能力是相互影响、相互促进、相互支撑的，品格、能力对人的发展具有支撑性。三是生成性。由根基可以生成其他一些素养，共同支撑人的发展。四是可持续发展性。核心素养的这些特性，决定了核心素养的结构与实施过程都是开放的，并不排斥、拒绝其他元素的进入。

此外，既是"核心"，它就可以生成，可以影响，可以带动，所生成、所影响、所带动的正是紧紧围绕在"核心"周围的一些元素，这些元素不妨称为"非核心素养"。也就是说，关注核心素养正是同时在关注非核心素养，并不存在因为核心素养的培养而缺少对非核心素养的关注，也不会导致完整的素养的残缺。我们不必在核心素养、非核心素养问题上花过多工夫，不必纠缠于此。

八、班主任应该具有怎样的核心素养

班主任核心素养从本质上无疑是育人理念、教育智慧、个性品格的有机统合。科学理念确保班主任育人的科学性和方向性，教育智慧是班主任在夹缝中做好育人工作的智力支撑，人格修养和教育情怀则是班主任成为学生精神关怀者和人格塑造者的动力源泉。

班主任不必成为教育家，但是必须知晓自己在学生成长中特殊的地位；班主任也不必成为思想家，但是必须明晰自己应引领学生向正确方向发展；班主任无力改变教育发展的大趋势和教育发展不均衡的现实，但是一个对班级工作有热心，对学生发展有爱心和担当的班主任一定有能力改变一间教室。而一间教室里师生关系、教学氛围、班级文化的改变，就意味着几十个学生成长生态的巨大变迁，同时也意味着教室里的每一个学生都可能拥有不一样的人生。

主题2 关于学生发展核心素养的问题

作为新时期新形势下，教育发展与时俱进、国内教育与国际教育接轨的产物，学生发展核心素养的提出，是着眼于未来发展，关注学生的能力与品格。与此同时，它的提出也引发了人们对学生发展核心素养相关问题的讨论。

一、小学阶段要培养的学生发展核心素养包括哪些

小学阶段要培养的学生发展核心素养概括起来就是健康、友善、思辨、独立等能力和品格。

健康是一个人在身体、精神和社会等方面都处于良好的状态，包括躯体健康、心理健康、心灵健康、社会健康、智力健康、道德健康、环境健康等。健康是人的基本权利，也是人生的第一财富。

友善就是友好、友爱、和睦。既是高尚的个人美德，也是重要的公民道德规范。

思辨就是思考和辨析，是一种思维方式。《中庸》说："博学之，审问之，慎思之，明辨之，笃行之。"其实就是说人们要广范地学习，细细地询问，慎重地思考，明晰地辨别，切实地力行。

独立就是依靠自己的力量去做事，在小学阶段，学生主要是学会独立思考，能表达自己的意见等。

二、学生发展核心素养与素质教育的关系是怎样的

素质教育作为一种具有宏观指导性质的教育思想，主要是相对于应试教育而言的，重在转变教育目标指向，从单纯强调应试应考转向更加关注培养全面健康

发展的人。核心素养是对素质教育内涵的具体阐述，可以使新时期素质教育目标更加清晰，内涵更加丰富，也更加具有指导性和可操作性。此外，核心素养也是对素质教育过程中所存在问题的反思与改进。

尽管素质教育已深入人心并取得了显著成效，但我国长期存在的以考试成绩为主要评价标准的问题影响了素质教育的实效。解决这一问题，要从完善评价标准入手。全面系统地凝练和描述学生发展核心素养指标，建立基于核心素养发展情况的评价标准，有助于全面推进素质教育，深化教育领域综合改革。

三、学生发展核心素养与学生综合素质评价的关系是怎样的

综合素质是对学生发展的整体要求，关注学生不同素养的协调发展。学生发展核心素养是对学生综合素质具体的、系统化的描述。一方面，研究学生发展核心素养，有助于全面把握综合素质的具体内涵，科学确定综合素质评价的指标；另一方面，综合素质评价结果可以反映学生发展核心素养的状况和水平。

四、中国学生发展核心素养提出后，其在教育实践中落实的途径主要有哪些

学生发展核心素养是一套经过系统设计的育人目标框架，其落实需要从整体上推动各教育环节的变革，最终形成以学生发展为核心的完整育人体系。

具体而言，主要有三个方面的落实途径。

一是通过课程改革落实核心素养。应基于学生发展核心素养的顶层设计，指导课程改革，把学生发展核心素养作为课程设计的依据和出发点，进一步明确各学段、各学科具体的育人目标和任务，加强各学段、各学科课程的纵向衔接与横向配合。

二是通过教学实践落实核心素养。学生发展核心素养明确了"21世纪应该培养学生什么样的品格与能力"，可以通过引领和促进教师的专业发展，指导教师在日常教学中更好地贯彻落实党的教育方针，改变当前存在的"学科本位"和"知识本位"现象。此外，通过学生发展核心素养的引领，可以帮助学生明确未来的发展方向，激励学生朝着既定目标不断努力。

三是通过教育评价落实核心素养。学生发展核心素养是检验和评价教育质量的重要依据。建立基于核心素养的学业质量标准，明确学生完成不同学段、不同年级、不同学科学习内容后应该达到的程度要求，把学习的内容要求和质量要求结合起来，可以有力推动核心素养的落实。

五、中国学生发展核心素养的内涵是什么

学生发展核心素养，主要是指学生应具备的，能够适应其自身终身发展和社会发展需要的必备品格和关键能力。核心素养是关于学生知识与技能和情感、态度与价值观等多方面要求的综合表现；是每一名学生获得成功、适应个人终身发展和社会发展都不可或缺的共同素养。其发展是一个持续终身的过程，可教可学，最初在家庭和学校中培养，随后在个人一生中不断完善。

六、中国学生发展核心素养主要包括哪些指标

中国学生发展核心素养以培养"全面发展的人"为核心，分为文化基础、自主发展、社会参与三个方面，综合表现为人文底蕴、科学精神、学会学习、健康生活、责任担当、实践创新六大素养，具体细化为国家认同等18个基本要点。

文化基础、自主发展、社会参与三个方面构成的核心素养总框架充分体现了马克思主义关于人的社会性等本质属性的观点，与我国治学、修身、济世的文化传统相呼应，有效整合了个人、社会和国家三个层面对学生发展的要求。

人文底蕴、科学精神、学会学习、健康生活、责任担当、实践创新六大素养均是在实证调查和征求意见过程中各界最为关注和期待的内容，其遴选与界定充分借鉴了世界上各主要国家、国际组织和地区核心素养研究的成果。六大素养既涵盖了学生适应其终身发展和社会发展所需的品格与能力，又体现了核心素养"最关键、最必要"这一重要特征。六大素养之间相互联系、相互补充、相互促进，在不同情境中整体发挥作用。

为方便实践应用，六大素养可进一步细化为18个基本要点，并对其主要表现进行描述。根据这一总体框架，可针对学生的年龄特点进一步提出各学段学生的具体表现要求。

七、开展核心素养研究遵循的基本原则是什么

中国学生发展核心素养研究，主要遵循以下三个原则。

第一，坚持科学性。应紧紧围绕立德树人的根本要求，坚持以人为本，遵循学生身心发展规律与教育规律，将科学的理念和方法贯穿于研究工作全过程，重视理论支撑和实证依据，确保研究过程严谨规范。

第二，注重时代性。应充分反映新时期经济社会发展对人才培养的新要求，全面体现先进的教育思想和教育理念，确保研究成果与时俱进、具有前瞻性。

第三，强化民族性。应着重强调对中华优秀传统文化的传承与发展，把核心素养研究植根于中华民族的历史文化土壤，系统落实社会主义核心价值观的基本要求，突出强调社会责任和国家认同，充分体现民族特点，确保立足中国国情、具有中国特色。

八、学生发展核心素养与学科核心素养之间有着怎样的关系

从理论上讲，学生发展核心素养与学科核心素养之间是一般与个别的关系。

学校学生发展核心素养是各学段在学生培养方面的总体目标要求，学科核心素养是学生学习某一学科后应达到的目标要求。

学科核心素养的研制应根据学生发展核心素养的要求，在学生学习的具体内容和掌握程度上进行具体化和细化。学科核心素养的研制应根据学生面临的个体、文化和社会情境的需求，定位所学知识、技能和态度的内容与程度要求，体现学生所学知识、技能和态度与学生生活世界的关联，体现学科的育人价值。同时，学生发展核心素养的研制也要考虑学科核心素养培养的经验教训，提炼学生共同的核心素养。

学生发展核心素养在学校的落实有学科课程和综合实践课程两条路径。

主题3 关于学科核心素养的问题

学科核心素养是学科教学要关注的内容，也是学生发展核心素养落实的起点和支柱，因此作为学生发展核心素养中的个别成分，学科核心素养的培养也引发了相当多的争论。

一、为什么培育学科核心素养需要学生建构和获得高质量的知识

按照一般的理解，学科核心素养是学生在学科学习中逐渐形成的、适应个人终身发展和社会发展需要的必备品格和关键能力。其中，"必备品格"指向学生内在的修养，"关键能力"指向学生外显的力量。在学科课堂教学条件下，作为必备品格和关键能力合力形成的学科核心素养，主要还是在知识建构的过程中逐渐发展起来的。作为学生内在修养与外显力量综合作用的结果，学科核心素养的发展首先需要学生穷究事物所蕴含的道理以获得"真正的知识"。在现实的学科课堂中，知识教学普遍存在三种习惯性倾向。

第一，知识教学窄化为具体知识的教学。教师将大部分精力用在事实性知识（事件、要素、细节等）和概念性知识（字、词、句、概念、命题、公式等）上，而对这些知识背后的学科方法、学科思想和学科价值等更富有"营养"的知识挖掘不够。

第二，知识教学退变为符号形式的教学。教师将教学重心放在了知识的符号形式（语词、概念、命题、公式等）上，而对知识所蕴含的逻辑根据、思想方法和价值意义一带而过。

第三，知识教学拘泥于知识本身的教学。教师传授给学生诸如事实、概念、原理和方法等知识，而较少关心这些知识的认识来源、类型差异、共同属性以及

这些知识之间的组织结构。

正是上述三种习惯性倾向，致使学生学到的知识粗浅而缺乏深度、空洞而缺乏内涵、散乱而缺乏整合、呆板而缺乏活力，这又导致学生在学科核心素养发展广度和深度上的双重缺失。这意味着，只有学生建构和获得高质量的知识，才能培育学科核心素养。

二、在学科核心素养导向下如何理解学科本质

学科中最广泛、最强有力的适应性观念是什么？用中小学教师常用的术语来回答，那就是"学科本质"。所谓学科本质，按照一般的理解，它是一门学科相对于其他学科所具有的独特规定性，这种独特规定性主要表现在学科的研究对象、研究方法、理论体系和学科价值等方面。针对目前教师在学科知识教学方面普遍存在的问题，对于学科本质需要着重从五个方面来加以把握：

第一，知识的产生与来源，即引导学生理解知识的来龙去脉。第二，事物的本质与规律，即引导学生透过现象把握事物的本质特征与普遍规律。第三，学科的方法与思想，即引导学生领悟学科专家发现知识和解决问题的思想方法。第四，知识的关系与结构，即引导学生把握知识的三重关系：前后知识之间的顺序关系、左右知识之间的并列关系、上下知识之间的层次关系。第五，知识的作用与价值，即引导学生理解知识的功能、作用以及知识背后蕴含的情感、态度与价值观。学科本质的上述五个方面，从知识的产生与来源开始，以知识的作用与价值结束，共同构成了学科知识的意义系统，从而成为学生应该建构和获得的高质量和真正的知识范畴。

三、学科核心素养的基本特性是什么

学科核心素养的基本特性有四个。

第一，强烈的整合性，即学科核心素养对其他相关学科素养发挥统摄和整合作用，而学科核心素养本身又表现为学生综合、灵活地运用各种心理活动。

第二，强大的实践力，即学科核心素养中的必备品格和关键能力最终必须表现为学生个体自觉的实际行为。

第三，广泛的迁移力，即学科核心素养一旦形成，它能够在学生的学科学习甚至是跨学科学习和实际问题解决中广泛地发挥作用。

第四，高度的个体化，即学科核心素养是学生在自我体验、自我理解和自我实践的过程中发展起来的，而且学科核心素养在不同学生身上的表现存在明显的个体差异。学科核心素养的四大特性蕴含着学科核心素养培育的实践逻辑，有利于学科核心素养发展的学习样态必须符合学科核心素养的基本特性。

四、现行课堂教学条件下如何有效地培养学生的学科核心素养

学生学科核心素养的培育，首先需要我们深入把握学生学习的本质（内涵）和根本之道。

学生学习的本质是什么？学习即持续的自主建构。对学习本质的把握需要抓住三个关键点：第一，学习即建构。学习不是知识的简单获得，而是学生通过发现、思考、理解和运用构筑自己的知识结构的过程。第二，学习即持续地建构。学习不是蜻蜓点水，不可能一蹴而就，而是学生由易到难、由浅入深、由表及里、由分到合，最终穷理尽妙的持续过程。第三，学习即持续的自主建构。学习永远都不能由他人代替完成，而必须是在持续的自主建构过程中得以发生和完成的。

根据学习的本质，我们可以归纳出两个基本观点：第一，有效触发学生内源性学习力的学习样态才有利于学生学科核心素养的发展。从源头上讲，学生学科核心素养的发展最终依靠的是学生本身的内源性学习力。如果离开了学生的内源性学习力，所有学科素养（包括学科核心素养）的发展便无从谈起。第二，有力促进学生持续建构的学习样态才有利于学生学科核心素养的发展。从机制上讲，学生的学科核心素养始终是在学生持续建构的过程中生成和发展起来的。现行的学科课堂教学之所以不利于学生学科核心素养的发展，其中一个重要的原因是学生缺乏连续性、纵深性和整体性的知识建构过程。

因此，学生学科核心素养的培育，需要教师准确把握学科核心素养的基本特性。可以说，在很大程度上，正是学科核心素养的基本特性决定了学科学习的基本规律和基本方法，也影响学生发展核心素养的培养。

五、什么样态的知识学习才有利于学生的学科核心素养发展

大量的课堂实践经验和学习理论告诉我们，有利于学生学科核心素养发展的学习样态必须满足两对条件：

第一，从知识的活化到知识的整合。如果学生面对、建构和获得的是死板、空洞的学科知识，那么，这样的知识不仅难以触发学生的内源性学习力，而且难以帮助学生活学活用知识，学生最终难以发展出本身就具有广泛迁移力的学科核心素养。同时，如果学生不能综合运用各种知识去解决实际问题，也很难发展出本身就具有高度整合力的学科核心素养。

第二，从知识的内化到知识的外化。无论是学科素养还是学科核心素养，它们都是由学生自己修炼而成的素养。因此，如果学生不能将外在的知识转化为自己的知识，学生便难以发展出本身就高度个体化的学科核心素养。同时，即使学生充分内化了外在的知识，但如果不能通过表达与交流、迁移与运用等方式将知识外化出来，学生便难以发展出本身又具有强大实践力的学科核心素养。

由此可见，可以同时满足以上两个条件的知识学习方式就是问题解决学习。这里所强调的问题解决学习包含三个方面的思想内涵。第一，精神实质：知识学习途径的翻转。在过去，教师习惯以知识线索展开学生的知识学习过程，学生面对、建构和获得的往往是死板和空洞的书本知识，这样的知识学习途径不利于学生的学科核心素养发展。问题解决学习的精神实质乃是实现知识学习途径的翻转，即让学生的知识学习从"知识线索"翻转为"问题线索"，把"让学生在知识线索中学习知识"转变为"让学生在问题解决中学习知识"。第二，内在条件：精妙、精当和真实的学科问题整合设计。站在学生、学科和生活三个基点上，问题解决学习首先需要设计出尽量精妙、精当和真实的学科问题。其中，学科问题必须能够触及学生的兴趣、情感和思维深处而具有精妙性，必须符合学科课程标准和教学内容特点而具有精当性，必须尽量联系实际而具有真实性。另外，根据学科核心素养本身所具有的整合性，所有的学科问题还应该构成一个符合学生心理顺序且具有逻辑关系的有机整体。第三，过程特质：从内源性学习到生成性学习。作为一种与学科核心素养发展相匹配的知识学习样态，问题解决学

习需要在过程上凸显五大特质，即激发生命活力的内源性学习、解决实际问题的参与式学习、基于核心问题的整合式学习、促进高阶思维的反思性学习以及基于自我理解的生成性学习。

六、什么样态的知识教学有利于学科核心素养的发展

回到学科课堂中，什么样态的知识教学有利于学科核心素养的发展？

基于前面的分析，我们可以得出一个明确的结论：问题驱动的整合式教学有利于学生的学科核心素养发展。如果要在学科课堂中具体实施问题驱动的整合式教学，教师需要处理好两个操作问题：一是如何整合设计精妙、精当和真实的学科问题，二是如何完整地设计问题驱动的整合式教学。整合设计尽量精妙、精当和真实的学科问题，教师需要采取"1X"的学科问题设计思路。其中，"1"是指在课堂中居于核心地位，对其他问题起着统领和整合作用的学科核心问题；"X"是指围绕学科核心问题而自然生成的学科子问题。围绕学科核心问题，学科子问题的设计需要体现三大基本特征。第一，顺序性，即各个学科子问题必须符合学生解决问题的基本心理顺序；第二，逻辑性，即各个学科子问题之间应该具有内在的逻辑联系；第三，纵深性，即各个学科子问题之间最好具有一定的层次性和阶梯性，以不断激发学生的学习潜力和提升学生的学习水平。正是学科核心问题和学科子问题，共同构成了驱动学生学习的学科问题群。

在这个思路下，教师如何才能设计出尽量精妙、精当和真实的学科问题群？

基于大量的课堂经验，教师需要把握三个操作要点：第一，把握教材背后所蕴含的学科本质。教师需要超越简单的具体知识，去理解和把握具体知识背后的本质与规律、方法与思想；超越表层的符号形式，理解和把握符号形式背后的认识来源、逻辑根据、思想方法与价值意义；超越庞杂的知识点，理解和把握知识的组织结构与属性特征。第二，捕捉学生内源性学习力的触发点。着眼于学生内源性学习力的充分激发，教师要善于从新奇处、困惑处、共鸣处和挑战处等点位去捕捉和定位学生兴趣、情感与思维的触发点。第三，寻找教学内容与现实事物的联系处。在准确把握教材背后的学科本质和学生内源性学习力的触发点之后，接下来要做的事情便是寻找教学内容与现实事物的联系处，最终设计出尽量精

妙、精当和真实的学科问题。

七、核心素养提出后，"三维目标"是否无用了

"知识与技能""过程与方法""情感、态度与价值观"的三维目标中同样包含着核心素养的基因。不同之处在于，三维目标在落实中常常变成逐级递减的情况：知识与技能是核心，过程与方法稍稍关注，情感、态度与价值观虚无缥缈。究其原因，首先是评价方面分数至上。其次是思维方式，比如，斯腾豪斯等人当年提出过程模式、实践模式正是为了反对泰勒的目标模式，但我们却是把"过程与方法"作为目标写下来去落实的，而这恰恰是斯腾豪斯等人所反对的。再次是三维目标本身表述的原因。试问，三维目标中谁是核心，彼此关系如何？在实践中，因为知识与技能最可操作，就变成了核心，其他则成为补充。而课改设计的初衷恰恰是避免这种单一。从这一层面而言，三维目标看似面面俱到，却因为对目标的割裂化认识，导致了实践中的厚此薄彼。而核心素养的提出，可以认为是一种矫正。

课程目标规定了课程对教育对象产生的影响；接着，以课标为指导编制不同的教材；最后，以课堂教学落实课程目标。但在现实中，因为有教材的存在，落实教材上的知识、技能就成了"硬目标"，而教材背后的"课程目标"就成了"软目标"。三维目标本是为了让"课程目标"不失真，但"软"不及"硬"，结局可想而知。而"核心素养"的落脚点直接变成了"人"。被遮蔽的育人目标、学生综合素养，有望得到进一步的重视。

八、学科核心素养转化落实要面对的三个关键问题是什么

学科核心素养转化落实要面对的关键问题有三个。

第一，课标与教材问题。

学生核心素养的培养要借助课程来落实，因此，厘清课程问题是深化教改、提升教育教学质量的突破口。陶西平教授指出，整体和综合是课程框架构建的新趋势。所谓整体，就是要打破原有的分学段设计，将各学段打通进行整体设计；综合则是学科与学科之间融合。这就是核心素养转化的两个关键点——"纵向贯

通"与"横向相连"。前者指向学科化，后者指向综合化。

第二，教师与课堂的关系问题。

教师的专业发展与自觉是实现优质教育的关键点。教师站在教育改革的前线，连接着政策与学生，其自身核心素养的提高，尤其是正确的教学观及价值观的形成与塑造，对教育教学改革、课程改革与实施的成败有着举足轻重的影响。

第三，终结性评价与过程性评价问题。

从大的类型上说，评价有两种类型：一是指向结果的终结性评价；一是指向过程的形成性评价。指向结果的终结性评价是教育成败的试金石，也是核心素养落实的风向标。终结性评价形式基本是单一的，而过程性评价形式则是多元的；终结性评价结果是注重结果的，而过程性评价结果是促进学习的。因此，形成性评价是核心素养落实的推进器。要真正落实核心素养，就必须将宏观的核心素养要素细化为适合于每一个教育活动的元素，并开发出能促进学生核心素养形成的过程性评价标准。

九、在核心素养实施过程中，为了防止课堂层面落实的走偏要注意哪些问题

为了在核心素养实施过程中防止课堂层面落实的走偏，有必要注意以下三点。

第一，确实落实"以生为本"的理念，彻底打破教师一言堂的教学格局，真正让学生成为课堂的主人，让课堂成为学堂，让出错、质疑、讨论成为课堂的主要内容，而不是优秀学生展示正确答案。

第二，加强单元/专题教学的整体设计。单元/专题目标务必"上勾下联"，在上位的核心素养、课程标准、教学目标与下位的单元/专题目标、课时目标之间必须有清晰的逻辑关系。例如同样写新闻报道，小学生、初中生、高中生的表达素养各自应该有什么样的关系，同样是记叙文的人物描写，小学生、初中生、高中生的表达素养各自又应该是什么样的关系，具体到学段、单元/专题都应该是清晰的。

第三，控制单元/专题教学的边界，防止某些教师盲目地，甚至错误地理解

"创造性使用教材",一味扩大对单元/专题主题的挖掘,将相关或不相关的内容都与单元/专题主题扯上关系,随意增加教学内容,"稀释"课堂教学重点,偏离教学重心;或者只重视容易测量的行为目标,如基础知识、基本技能,而忽视不易测量的表现性目标,如情感、态度、学习策略。

十、基于核心素养的现代课程体系应该是怎样的

基于核心素养的现代课程体系应至少含有以下四个部分。

一是具体化的教学目标,这一教育目标描述了课程教学所要达到的目标,一定是具体的,落实到要培养学生何种核心能力和素养层面。

二是内容标准,即规定了核心学科领域(如数学、阅读、科学等)学生应知应会的知识与技能。

三是教学建议,即教育者应提供的教育经验和资源,以保证受教育者的学习质量。广义上的教学建议外延相当广泛,也被称为"教育机会标准"或"教学过程标准"等,可以包括课堂所讲授内容的结构、组织安排、重点处理及传授方式,以及学校公平性、教师专业发展、教育资源的分配等。

四是质量标准,即描述经历一段时间的教育之后学生在知识与技能、继续受教育的基本准备以及适应未来社会等方面的能力上需要达到的基本水平。

后 记

　　在编写本书的过程中，编者借鉴和参考了国内外一些知名专家的著作和研究成果，引用了一些教师的案例和博客文章，在此向所有专家、教师致以衷心的感谢！受沟通渠道所限，我们未能与所有作者都取得联系，敬请相关作者与我们联系，我们的电子邮箱为：taolishuxi@126.com。

编　者